잘나가는
매장의 탄생

잘나가는 매장의 탄생

이금주 지음

한국경제신문 *i*

잘나가는 매장 10계명

...

1. 매장경영인이 돼야 성공한다.
사장은 점주가 아니다.
매장경영의 패러다임을 가져라.

...

2. 고객에게 즐거움을 선사하라.
고객은 즐거운 곳을 찾아간다.
매장이 즐거워야 성공한다.

...

3. 매출 공식의 숫자를 바꾸면 성공한다.
잘나가는 매장의 매출 공식을 기억하라.
매출 공식에서 전략을 찾아라.

...

4. 매장경영은 시스템이다.
목표, 계획, 실행, 보완, 반영을 반복해 추진하라.
매출 폭발의 선순환이 만들어질 것이다.

...

5. 직원들을 장악하라.
업무 목표에 관해 정확하게 소통하라.
일이 끝난 다음에는 반드시 피드백하라.

...

...

6. 학습 시스템을 만들고 매일 실행하라.
판매 연습은 생명을 연장하는 호흡이다.
고객은 전문가를 금방 알아본다.

...

7. 세심하게 고객의 마음을 관리하라.
처음에 안심하게 하고 계속 안심하게 하라.
믿고 맡기고 찾아오게 하라.

...

8. 더 잘게 쪼개라.
목표와 전략은 주 단위로 계획하라.
일 단위로 실행하고 관리해야 성과가 난다.

...

9. 꼼꼼하게 반영하라.
결과의 측정과 분석이 중요하다.
더 나은 방법을 바로 적용하라.

...

10. 실행이 답이다.
현실을 정확히 인식하고 나아갈 방향을 공유하고 강하게 실행하라.
실행만이 목적지로 인도한다.

...

CONTENTS

PART 2
잘나가는 매장의 기본 시스템 3

CONTENTS

PART 4
잘나가는 매장경영시스템 3

매장경영시스템으로 승부하라

대학교 2학년 때 처음 매장을 운영했다. 이후 컨설팅 회사와 브랜드 본사에 근무하면서 수많은 매장의 성공과 실패를 목격했다. 현장에서 체득한 것은 체계적으로 정리해 전파했다. 백오피스Back Office, 고객과 직접 접촉하지 않는 부서 업무를 하며 모호했던 내용은 다시 현장으로 돌아가 스스로 검증하고 보완했다.

'어떻게 하면 성공하는 매장을 만들 수 있나요?', '요즘 같은 모바일 시대에도 오프라인 매장이 여전히 건재할 수 있나요?' 많은 매장 창업자와 매장경영인이 묻는데, 명확한 목표를 가지고 제대로 된 매장경영을 하면 성공할 수 있다. 내가 원하는, 잘나가는 매장을 만들 수 있다.

매장 문만 열어놓고 매장경영을 하고 있다고 많이들 착각한다. 매장의 목표가 있고 전략이 있고 실행이 있어야 경영이다. 이 선순환 구조를 만들고 관리해야 한다. 점주에서 탈바꿈해 경영인이 돼야 한다. 잘나가는 매장은 경영인이 운영한다.

즐거운 매장이 성공한다. 고객이 우리 매장에 와서 즐거워야 한다. 고객이 지불하는 금액보다 더 큰 가치를 줘야 한다. '히트상품'에만 의존하던 틀을 깨고 우리 매장의 경험을 상품화해야 한다. 오프라인 매장이 가진 강점을 충분히 발휘하라. 매장이 갖춰야 할 기본 시스템을 장착하라. 잘나가는 매장의 10가지 노하우를 벤치마킹하라.

이 책에는 직접 목격하고 지도한, 잘나가는 매장들의 노하우가 담겨 있다. 일단 따라 하고 이해하고 체득하라. 그리고 우리 매장에 최적화된 매장경영시스템을 만들고 가동하라. 일단 이 책을 숙독하기만 하면 잘나가는 매장에 관한 큰 그림과 디테일을 손에 쥐게 될 것이다.

저자 이금주

바야흐로 매장경영 시대다. 점주를 탈피해 매장경영인으로 바뀌어야 성공한다. 매장 문을 열어놓고 고객을 기다리기만 하면 망한다. 우리 매장의 즐거운 경험을 만들고 관리하라. 매출 공식을 이해하고 숫자를 바꾸면 잘나가는 매장이 된다.

PART 1

잘나가는 매장 탄생의 조건 3

'경영인'이 있다

점주(店主)가 아니라 경영인이다

몇 년 전까지만 해도 가장 많이 창업하는 매장은 치킨집이었다. 누군가 퇴직할 때 '치킨집 차리냐'는 말은 농담 반 진담 반이었다. 현재 창업 1순위 매장은 커피전문점이다. 시장이 변하고, 소비자의 취향이 변하고, 소비패턴이 변하면서 잘나가는 아이템도 실시간 변한다.

• 내가 창업하려는 매장은 무엇인가?
• 고객은 누구이며, 그들은 어떻게 소비하는가?

창업하면서, 매장경영을 시작하면서 명확히 해야 할 것들이다.

내가 좋아하는 아이템으로 사업을 하면 성공할 확률이 높다. 좋아하는 일은 열심히 하게 된다. 열심히 하다 보면 잘하게 된다. 이것을 누적효과라

한다. 잘하는 일은 더 좋아하게 된다. 더 열심히 하게 된다. 그러면 더 잘하게 될 확률이 높아진다.

창업 이후, 매장이 자리 잡고 사업이 성장하는 과정은 쉽지 않다. 하지만 내가 좋아하는 아이템으로 사업하면 몰입할 가능성이 크다. 그러므로 성장의 속도가 빨라진다. 그 과정이 다소 힘들더라도 더 오래 버틸 힘이 있다. 하지만 좋아한다고, 그냥 열심히 한다고 사업이 성공하는 것은 아니다.

성공하는 매장을 만드는 방법이 있다. 명확한 목표를 가지고 제대로 된 경영을 하면 성공할 수 있다. 미래를 예측 가능한 사업이 된다. 내가 원하는 목표와 방향, 모습으로 내 사업을 꾸려갈 수 있다. 바야흐로 '매장경영 시대'다. 이제는 점주店主 마인드를 벗어나 매장경영인이 돼야 한다. 그것이 잘나가는 매장을 만드는 방법이다.

잘나가는 매장의 탄생

Sub-Note. 오프라인 매장의 미래

세계 명품들이 온라인 시장에 진출했다. 코치, 버버리, 구찌, 루이비통이 이미 서비스를 개시했다. 콧대 높았던 명품 브랜드들이 잇달아 온라인 쇼핑에 관심을 보이고 있다.

루이비통은 2005년 프랑스를 시작으로 현재까지 중국을 포함해 모두 11개 국가에서 온라인 쇼핑 서비스를 제공하고 있다. 핸드백, 구두, 정장, 액세서리, 향수까지 해당 시즌의 모든 제품을 구매할 수 있다. 가격은 오프라인 매장과 동일하고, 배송비도 무료다.

2017년부터 구찌가 중국에서 공식 온라인 판매를 시작해 중국인들이 자주 애용하는 위챗, 알리페이를 통한 모바일결제 서비스도 제공하고 있다.

온라인 시장의 급성장이 세계 명품업계의 새로운 공략 포인트가 됐고, 실제로 중국에서는 그동안 경기불황, 중국인 해외 관광 급증, 해외 온라인 구매대행 확산, 온라인 쇼핑 보편화 등으로 명품 브랜드 매장들의 폐업행렬이 이어졌다.[1]

인공지능 검색 기능이 탑재된 온라인 쇼핑몰에 대한 고객들의 반응도 뜨겁다. 롯데닷컴의 머신러닝machine learning, 기계학습 기술이 탑재된 이미지 검색 서비스 '스타일 추천' 누적 이용자 수가 2017년 기준, 600만 명을 돌파했다.

---

1) 배인선, '세계 명품들 中 온라인 시장 러브 콜', 아주경제신문(2017.07.27.) 참조

스타일 추천은 '의류 상품 이미지를 분석해 유사한 색상 및 패턴을 가진 상품을 찾아주는 인공지능 기반 검색 서비스'다. 고객이 원하는 스타일을 입력하거나 상품 상세 페이지에서 스타일 추천 버튼을 클릭하면 고객은 자동으로 유사한 스타일을 추천받을 수 있다. 기존 기능에 데이터가 축적되면 검색결과 정확도가 올라가는 머신러닝 기술을 추가한 것이 눈에 띈다.

롯데닷컴은 인공지능 검색 '스타일 추천 서비스' 시작 이후 매출이 증가하고 있다.

실제 롯데닷컴은 스타일 추천 서비스 후 이용자와 매출이 동시에 증가했다. 향후에는 '스타일 추천' 서비스에 증강현실 기능을 접목해 어디에서든 스마트폰 카메라만 비추면 유사한 상품을 추천받게 되는 서비스까지 제공할 예정이라고 한다.[2]

---

2) 정정숙, "인공지능 서비스 '롯데닷컴' 매출 쑥~", 한국섬유신문 (2017.06.16.) 참조

잘나가는 매장의 탄생

'오프라인 매장의 미래는 어떨까?' 요즘 오프라인 매장경영인들의 가장 핫HOT한 고민이다. 세계 명품들도 온라인에 진출하는 시대다. 모바일 쇼핑이 가속화되면서 온라인 시장은 이미 오프라인 시장을 잠식한 듯 보인다.

모바일 세상이 도래한 지 불과 몇 년 만에 많은 사람들이 스마트폰으로 쇼핑한다. 처음엔 주로 생필품 위주였지만 요즘엔 패션 아이템이나 고가의 전자제품 구매도 기하급수적으로 늘어나는 추세다.

온라인 시장의 무기는 알고리즘3)에 의한 편리함과 가격이다. 전 세계에 흩어져 있는 수많은 오프라인 매장을 클릭 한 번으로 보여준다. 가장 싸게 살 수 있는 매장도 실시간 알려준다. 결제만 하면 그날 또는 며칠 만에 내 손 안에 주문상품이 배송된다.

- 오프라인 매장은 점점 축소되다가 영영 소멸하는 것일까?
- 온라인 매장의 무기가 가격 알고리즘이라면, 오프라인 매장의 무기는 무엇일까?
- 어떻게 해야 오프라인 매장이 생존할 수 있을까?

오프라인 매장은 '공간 안에서의 경험'으로 승부해야 한다. 실존하는 공간은 온라인 매장이 절대 가질 수 없다. 오프라인 매장만이 가질 수 있는 것이 '실존하는 공간과 서비스'다. 이 '공간을 기반으로 고객이 실감實感할 수 있는 즐거운 경험'을 주는 것이 오프라인 매장의 무기다. 이것이 앞으로 오프라인 매장의 성공 열쇠key

---

3) 어떤 문제를 해결하기 위한 절차, 방법, 명령어들의 집합

가 될 것이다.

2016년 세기의 대결이 있었다. 인간과 컴퓨터의 대결, 바로 이세돌과 알파고, 인간과 인공지능의 바둑 대결이었다. 이 대결은 전 세계의 관심을 받으며 결국 인공지능의 승리로 끝났다. 그런데도 사람들은 여전히 바둑을 배우고, 즐긴다.

이미 인공지능 기계에 승부를 담보한 상황인데 사람들은 왜 바둑을 두는 것일까? 단지 승부만이 목적이라면 바둑은 더는 인간의 향유물이 되지 못할 것이다.

바둑을 두는 사람들은 바둑의 목적을 '승부를 넘어선 과정의 묘미'라고 얘기한다. 바둑의 한 수 한 수를 두는 과정 자체가 의미 있다는 얘기다. 때로는 수가 막히는 상황을 해결하며 나의 한계를 극복한다. 내가 예상한 수가 들어맞을 때는 짜릿한 즐거움을 느낀다. 상대의 수를 읽으며 나의 길을 잡아가는 과정이 바둑이다.

고객이 물건을 구매하는 일도 똑같다. 그것은 필요한 물건을 획득하는 것이 전부인 것으로 보인다. 하지만 사람들은 구매과정 자체를 중요하게 여긴다. 그 안에서 즐거움과 기쁨을 얻는다. 이런 고객의 구매과정을 보면 단순히 더 싸다고 무조건 선택하지는 않는다는 것을 알 수 있다.

가격 알고리즘을 통해 온라인 매장이 무한 확장하고 있다. 편리한 방식으로 힘을 덜 들이며 싸게 구매할 수 있는 장점을 내세운다. 최저가라는 온라인 매장의 무한한 가격경쟁에서 벗어나야 한다. 그러려면 결국 차별화된 가치로 고객에게 인정받고 선택받아야 한다.

오프라인 매장이 가격경쟁에 휘말리지 않고 고객에게 선택받는 힘은 실감實感을 통한 기분 좋은 경험을 선사하는 것이다. 그 경험을 바탕으로 계속 새로운 고객을 끌어들여야 한다. 한번 온 고객은 우리 매장에 고정적으로 오게 해야 한다. 고정적으로 오는 고객은 습관처럼 더 자주 오게 해야 한다. 앞으로 잘나가는 오프라인 매장의 전략은 '즐거운 고객 경험'이 될 것이다.

매장 문을 열어놓는 것 vs 매장을 경영하는 것

사장이 되면 하루에도 수십 번 이런 생각이 든다.

'왜 고객이 우리 매장에 오지 않을까?'

오기만 하면 잘 팔 수 있는데 오지 않는 고객을 원하고 원망한다. 주변 매장을 수시로 쳐다보며 고객이 있나 없나 살핀다. 다른 매장에서 쇼핑백을 들고나오나 아닌가 확인한다.

우리 매장 주변에도 수많은 매장이 있다. 이제는 업종의 구분 없이 경쟁이라 한다. 고객은 한정된 자원을 가지고 취사선택을 한다. 고객이 우리 매장에서 꼭 사야 할 이유가 있는가?

5만 원과 1,000원 지폐 중 한 장을 골라 가질 수 있다. 무엇을 고르겠는가? 누구나 5만 원을 고른다. 둘은 누가 봐도 가치가 다르다. 명확히 가치구분이 된다. 우리 매장은 5만 원권처럼 선택받을 수 있는가? 우리 매장만의 명확한 가치가 있는가?

'왜 고객이 안 올까' 하는 생각이 든다면 반대로 이렇게 생각하라.

- '우리 매장은 고객이 와야 할 이유가 있는가?'
- '우리 매장은 고객이 올 수 있도록 무엇을 하고 있는가?'

대부분 이 두 가지 질문에 제대로 답하지 못한다.

사장이 되면 매일 성실히 출근한다. 매장 문을 열고, 청소나 제품정리 같은 기본적인 업무를 한다. 그리고 고객을 막연히 기다린다. 이런 매장이 많다. 매장 문 열어놓고 언제 올지 모르는 고객을 기다리는 것이다.

고객이 선택할 수 있는 매장은 너무 많다. 모두가 '어서 들어오세요!' 하며 고객을 끌어당기고 유혹한다. 그래서 문 열어놓고 있다고 고객이 쉽게 오지 않는다. 우리 매장만의 차별화된 가치로 고객을 끌어들여야 한다. 막연히 고객을 기다리면 안 된다.

잘나가는 매장은 공통점이 있다.

- 경영 목표가 있다.
- 경영 목표를 달성할 수 있는 주요 전략이 있다.
- 주요 전략은 하나하나 실행되고 있다.
- 매장의 실행 활동은 체계적으로 관리되고 있다.
- 전략을 달성할 비범한 전술(skill)을 매일 학습하고 연습한다.

우리는 막연히 목표를 생각한다. 매출 얼마를 하고 싶다. 3개월만 지나면, 6개월 정도만 지나면 안정적인 수익구조가 나오겠지 생각한다. 일정한 시간에 매장 문을 열고 닫는다. 고객이 스스로 찾아오길 기다린다. 매장의 최초 오픈 시점에 으레 하는 전단을 돌린다. 그리고 매장이 번창하길 기대한다.

고객이 많고, 장사가 잘될 때는 '아, 장사가 잘되나 보다' 흐뭇하다. 잘되지 않을 때는 '오늘 고객들이 왜 이렇게 안 오나?' 막연히 걱정한다. 명확한 매장경영의 목표가 없다. 목표 달성 전략과 실행이 없다. 실행 결과를 통해 찾은 우리 매장만의 방법론이 없다. 그래서 예측할 수 없고, 늘 불안정하다.

지금 나의 모습이 이와 유사하다면 아직 점주店主다. 매장에 돈을 투자한 매장주인에 불과하다. 점주에게 사업의 성공이란 운이 결정하는 일이다. '나'가 아닌 '상대방', '환경', '시기'에 따라 매출이 들쑥날쑥 좌우된다. 고객이 알아서 와주면 성공이다. 아니면 실패다. 내 사업인데 예측 가능한 것이 없다. 매장의 현재와 미래를 위해 전략적으로 할 수 있는 것이 없다.

내가 원하는 고객들이 매장에 올 수 있도록 매장을 경영해야 한다. 우리 매장의 목표와 전략이 있어야 한다. 목표 달성을 위한 전략적 활동이 실행돼야 한다. 실행 후 우리 매장만의 방법론을 만들어가야 한다. 매장을 경영한다는 것은 명확한 목표와 전략을 가지고 주도적으로 실행하는 것이다. 그것을 통해 내가 원하는 것을 만들어가는 것이다.

매장경영인은 이렇다.

- 매장에서 일어날 결과를 예측하고, 원하는 결과를 만들기 위한 일들을 계획한다. → 목표 수립, 전략 수립
- 목표 달성을 위해 해야 할 활동을 계획하고, 실행하고, 관리한다.
  → 경영활동 계획/실행/관리
- 실시간 활동 실행 여부와 결과를 확인하고, 더 적절한 방법으로 다음 전략에 반영한다. → 실행 활동결과 리뷰/반영

매장이 경영되면 객관적 숫자 지표를 통해 실시간 예측이 가능하다. 안정적으로 매장을 운영할 수 있다. 잘나가는 매장의 경영인은 '매장경영활동'을 한다. 매장경영 프로세스가 가동되면 잘나가는 매장이 될 수 있다. 무턱대고 매장 문을 열어놓을 것인가? 잘나가는 매장으로 경영할 것인가?

Plus-Tip. 오프라인 매장의 성공 포인트

1. '시착(직접 착용해보는 것), 시연, 시식(시음)'에 승부를 걸어라

오프라인 매장은 시착, 시연, 시식시음을 잘해야 한다. 이것이 우리 매장의 존재 이유다. 더 싸고 편하게 살 수 있는 온라인 매장을 두고 고객이 직접 와서 사는 이유다.

고객이 오감五感으로 확인하는 상품들은 오프라인 매장의 장점이 크다. 패션, 식음료, 뷰티 상품 등이 그렇다. 오프라인 매장에서 직접 보고, 듣고, 맛보고, 향을 맡고, 촉감을 느껴볼 수 있다. 직접 확인하고 바로 선택할 수 있다. 이것은 판매 아이템에 따라 가장 큰 판매 무기가 된다.

온라인 시장 초기, 고객들이 주로 구매하는 상품은 정해져 있었다. 규격화돼 있거나, 평소 사용했던 브랜드거나, 눈으로 직접 확인하지 않아도 되는 생필품 위주였다. 의류, 신발 등 입어보고 사는 패션 상품이나 식음료 상품, 향수나 화장품 같은 뷰티 상품 등은 상대적으로 선택받지 못했다. 이런 상품들은 누구나 온라인 화면만 보고 샀다가 낭패를 본 경험이 있다. 지금도 온라인 매장에서 반품률이 가장 높은 상품들이다. 화면사진, 동영상 등으로 보는 것과 실물이 다른 경우가 많다.

이런 상품은 반드시 오프라인 매장에서 사는 고객도 많다. 최근 온라인 매장에서는 무제한 교환이나 무료반품 서비스를 한다. 이런 고객의 구매 망설임을 줄이기 위해서다. 하지만 이런 노력에도 불구하고 여전히 많은 고객은 내 눈으로 확인하고 사기를 원한다.

잘나가는 매장의 탄생

아이러니하게도 오프라인 매장 직원들이 가장 힘들어하는 것이 '시착'이다. 고객을 일일이 응대해야 하기 때문이다. 수차례 입혔다 정리했다를 반복해야 한다. 특히 고객의 선택지가 많고, 일일이 시착을 해봐야 하는 의류나 신발 매장에서는 힘든 게 사실이다. 시착 후 사지 않는 경우가 다반사다. 체력이 많이 소진되고, 뒷정리도 해야 하므로 직원들이 좋아하지 않는다.

전자제품 전문점은 '시연'이 중요하다. 우리 제품의 차별성을 시연으로 얼마나 잘 보여주냐에 따라 판매 여부가 결정된다. 차별성이 잘 보이면 고객은 더 비싸도 선택한다. 온라인 매장은 제품의 사이즈, 기본 스펙 등을 한눈에 비교하고 확인할 수 있다. 하지만 해상도, 음질 등을 실감實感하기는 어렵다.

식음료 상품의 경우, 후각을 자극하거나 직접 맛보게 하는 게 중요하다. 대형 마트 와인 코너에서는 상시로 신상품을 '시음'한다. 베이커리, 과일 코너에서 마음껏 먹어보게 하는 것도 가장 적극적인, 확실한 영업방법이다.

TV홈쇼핑 채널에서는 식음료 상품을 판매할 때 쇼호스트또는 쇼핑호스트들이 직접 먹는 모습을 보여준다. 맛깔나는 멘트를 하고, 맛있어서 행복한 표현을 짓는다. 온라인 매장의 특성상 고객이 직접 먹어볼 수 없기 때문이다. 그래서 시음, 시식 장면이 구매 결정에 핵심적인 역할을 한다. 반대로 오프라인 매장에서는 무료시식, 시음 등을 잘 활용하면 고객의 구매 결정을 촉진할 수 있다.

2. 고객과의 친밀감은 가장 큰 무기다

매장에 편하고 호감 가는 사람들이 있으면 장사가 잘된다. 매니저나 경영인이 친절한 호감형이면 더 좋다. 오프라인 매장은 고객과 실시간 대면하고 교류하는 곳이다. 친밀감과 인간적인 서비스가 기본이다.

우리 매장에 들어오는 순간 고객은 기회비용이 생긴다. 이곳을 선택함으로써 다른 매장에 갈 수 있는 체력과 시간을 잃는다. 우리 매장에 들어오는 모든 고객에게 감사해야 한다.

고객은 대접받고 싶은 욕구가 있다. 이런 고객의 마음을 잘 헤아려야 한다. 언제든지 반갑게 맞이하고, 재방문 고객은 꼭 기억해줘야 한다. 고객이 대접받는 느낌을 줘야 한다.

누구나 새로운 공간에 들어서면 아주 불안한 심리 상태가 된다. 공간도 낯설고, 사람도 낯설기 때문이다. 이 불안한 마음을 편하게 해줘야 한다. 그래야 우리 매장에 오래 머무르며, 편하게 구매 검토를 할 수 있다.

고객에게 이런 '안심감'을 줄 수 있어야 한다. 나를 편하게 맞아주는 사람들이 있다면 고객은 '안심감'을 가질 수 있다.

고객이 생각하는 고객가치 방정식을 보자.

$$고객가치 = \frac{상품가치 + 경험품질}{상품가격 + 이용비용}$$

고객이 우리 매장에서 얻는다고 생각하는 가치는, 고객이 지불한 상품가격과 이용비용 대비 실제 매장에서 얻은 상품가치와 경험품질로 결정된다.

이용비용이란 교통비, 시간, 체력 등 고객이 우리 매장을 알아보고, 찾아오고, 구매하고, 다시 돌아가기까지의 모든 소요비용과 기회비용이다. 고객은 결제하는 상품가격뿐만 아니라 이용비용이 든다.

고객이 가치를 느끼려면 좋은 상품을 샀다는 '만족'이 있어야 한다. 더불어 상품 구매 과정상 고객 경험도 좋아야 한다. AS를 비롯한 매장의 사후 서비스까지 좋아야 한다.

'경험품질'이란 고객이 입점해 구매하고, 나가기까지 그리고 그 이후의 모든 경험이 주는 만족도다. 고객은 특별한 불만이나 새로운 계기가 없으면 가던 매장에 계속 간다. 이미 익숙한 공간이라 편하기 때문이다.

우리 매장 고객에게 접근하는 다른 매장들이 많다. 새로운 자극으로 호시탐탐 기회를 노린다. 그래서 다른 매장들과 차별화된 고객관리 활동을 하는 것은 필수다.

매장을 창업했거나 새로운 고객을 끌어들이려면 우리 매장만의 경험품질로 승부해야 한다. 다른 매장의 이용 고객을 데려와야 한다. 우리 고객을 빼앗기지 않으려면, 우리 매장의 경험품질이 다른 매장보다 훨씬 좋아야 한다.

경기도에 있는 C브랜드 A매장은 최근 매장경영인과 직원들이 바뀌었다. 전국 최고의 상권에서도 고전하던 기존 매장이 문을 닫았다. 그리고 바로 옆자리에 같은 브랜드 매장이 다시 문을 열었다. 매장경영인과 직원들이 바뀐 것뿐인데 첫 달부터 계속 매출이 좋다. 기존 매장이 브랜드, 상권, 제품을 탓했지만 결국 매장 경험품질이 문제였다.

같은 브랜드, 같은 상품을 가지고 영업을 해도 매장에 누가 있냐에 따라 매출이 달라진다. 상권도 좋고, 여러 가지 여건이 나쁘지 않은데 유난히 고전하는 매장들이 있다. 반면 모든 환경이 열악한데 매출이 잘 나오는 매장이 있다. 이는 매장경영인과 직원들이 원인일 때가 많다. 고객이 믿을 수 있는 편한 매장이 돼야 한다.

3. 고객은 누가 판매하냐에 따라 살까 말까를 결정한다

같은 상품도 판매자에 따라 고객은 구매 의사를 결정한다. 파는 사람이 무엇을 추천하고, 골라주냐에 따라 그 상품을 산다.

식음료 매장을 보자. 고객은 대부분 구매 의사를 확정하고 들어온다. 본인이 예상했던 상품이 없다면 다시 나가기도 한다. 하지만 응대하는 직원 때문에 구매하지 않고 나가는 경우는 드물다. 매장 직원의 응대에 따라 메뉴 변경을 하기는 하지만 구매 여부 자체가 결정되는 경우는 없다.

의류, 신발 등 패션 상품을 파는 매장은 다르다. 우선 매장에 들어오는 고객은 구매 의사가 있는 고객, 없는 고객 반반이다. 어떤 직원이 응대하냐에 따라 없던 구매 의욕이 생기기도 하고, 갑자기 구매 계획이 없어지기도 한다. 누가 판매하냐에 따라 고객의 구매 의사가 결정된다. 직원들의 판매 실력이 큰 영향을 미친다. 애초에 고객을 살 사람, 안 살 사람으로 미리 구분하는 것은 아주 어리석은 일이다.

패션 매장에는 수많은 종류의 상품이 있다. 고객은 그중에 단 몇 개의 상품을 전략적으로 선택해야 한다. 소문난 음식점에 한 가지 메뉴만 있는 것과는 아주 다르다. 그래서 후회 없고, 만족스러운 구매를 한다는 것이 어렵다. 고객은 내 편에서 나를 도와줄 친밀한 누군가를 원한다.

판매 상품에 대한 전문성을 가지고 고객 맞춤 상품 추천이 가능해야 한다. 판매하는 모든 상품을 훤히 꿰고, 각 제품의 디테일을 잘 알고 있어야 한다. 어떤 제품을 서로 매칭하면 더 잘 사용할 수 있는지 알아야 한다. 고객이 원하는 포인트에 따라 어떤 상품이 최적의 상품이 될지 추천할 수 있어야 한다.

우리 매장의 모든 직원이 이렇다면 가장 좋다. 하지만 그렇지 않은 경우가 대다수다. 그러므로 매장경영인은 우리 매장의 직원들이 이런 실력을 갖출 수 있도록 애써야 한다. 학습 시스템을 만들고, 함께 판매전략을 세워야 한다. 매일 지속해서 매장의 판매 실력을 올려야 한다. 결국, 매장의 판매 실력은 매장경영인이 만든다.

'매장경영=시스템'이다

《피터 드러커의 최고의 질문》[4]에는 이 시대 경영인을 위한 5가지 질문을 제시한다.

1. 미션은 무엇인가(왜, 무엇을 위해 존재하는가?)
2. 고객은 누구인가(반드시 만족시켜야 할 대상은 누구인가?)
3. 고객가치는 무엇인가(그들은 무엇을 가치 있게 생각하는가?)
4. 결과는 무엇인가(어떤 결과가 필요하며, 그것은 무엇을 의미하는가?)
5. 계획은 무엇인가(앞으로 무엇을 어떻게 할 것인가?)

이 질문을 매장경영에 비유해보면 어떨까?

1. 나는 우리 매장을 어떻게 그리는가? 우리 매장은 고객의 마음속에 어떻게 존재할 것인가?: 매장의 철학과 비전
2. 우리 매장의 고객은 누구인가?: 타깃 고객
3. 그들을 만족시키기 위한 포인트는 무엇인가?: 고객의 즐거운 경험 포인트
4. 우리가 매장에서 달성해야 할 목표는 무엇인가?: 매장경영 목표
5. 목표 달성을 위한 우리 매장만의 전략은 무엇인가? 무엇을 언제까지 어떻게 할 것인가?: 매장경영전략, 전략 활동의 실행, 실행 활동의 관리

매장경영 활동은 매장이 올바르게 운영되게 하는 시스템이다. 매장의 '목

---

4) 피터 드러커, 프랜시스 헤셀바인, 조안 스나이더 컬, 《피터 드러커의 최고의 질문》, 다산북스(2017), 참조

표 결정-전략 수립-실행 활동 수행-관리'의 선순환 구조다. 이 시스템이 잘 돌아가면 원하는 매출을 만들 수 있고, 잘나가는 매장이 된다.

우리 매장의 존재 목적과 목표

가장 먼저 우리 매장의 존재 목적과 목표를 명확히 해야 한다. 그리고 직원들과 정확히 공유해야 한다. 그러면 매장 구성원 모두가 한 방향을 바라보고 그것에 맞게 일하게 된다. 그것이 매장 업무의 기준이 된다. 결국, 매장의 비전에 들어맞는 직원들이 남는다.

우리 매장의 전략

다음으로 매장의 주요 목표에 맞는 전략을 수립해야 한다. 목표를 달성하기 위한 방향을 정하고, 구체적인 가설을 만든다. 이 전략은 구체적인 실행 활동으로 표현될 수 있어야 한다. 활동 실행 후에는 결과를 분석하고 다음 전략에 반영해야 한다.

전략을 실제 구현하는 실행 활동

전략은 실행 활동을 통해 구체화되고 만들어진다. 어떤 활동을 통해 전략을 수행할 것인가 정해야 한다. 매일 목표를 세우고, 담당자를 정해 제대로 실행해야 한다. 그래야 목표 달성 전략이 적절했는지 판단할 수 있다.

'목표 결정 - 전략 수립 - 실행 활동 수행 - 관리'로 이어지는 매장경영 사이클이 제대로 돌아가야 한다. 이 사이클에 실시간 고객 니즈가 반영돼 고객을 즐겁게 할 수 있어야 한다. 이 일련의 과정을 체계적, 지속적으로 하는 것이 어렵다. 그래서 매장경영시스템이 필요하다.

잘나가는 매장의 탄생

매장경영시스템의 3요소

매장경영시스템은 다음 3가지 요소로 이루어진다.

- 경영목표의 설정과 관리
- 경영활동의 기본 틀
- 경영활동의 리뷰와 반영

경영목표의 설정과 관리

'경영한다'는 것은 명확한 목표가 있다는 것이다. 다양한 경영활동을 통해 그 목표를 체계적으로 관리, 운용하는 것이다. 매장에는 기본적으로 3년이상의 중장기 목표가 있어야 한다. 연간 목표가 있어야 한다. '월月 목표 - 주週 목표 - 일日 목표'가 있어야 한다. 매장 구성원 개인 목표까지 정하고 관리된다면 더 좋다.

목표를 세우는 일은 어렵다. 일단 적절한 목표를 산출하는 것이 어렵다. 목표가 생기는 그 자체로 매장 직원들은 심리적 부담감이 생긴다. 하지만 도달해야 할 명확한 목표점은 있어야 한다. 그래야 목표를 기준으로 전략적인 매장경영을 할 수 있다. 매장의 경영목표는 반드시 설정되고 관리돼야 한다. 목표를 설정하고 그 목표를 기준으로 관리하는 것! 이것이 곧 매장경영의 시작이다.

경영활동의 기본 틀

우리 매장의 목표 달성을 위해서는 목표를 실행, 관리하는 경영활동의 '기본 틀'이 있어야 한다. 목표 달성을 위한 방법론이자 실행의 지속성을 유지하기 위한 것이다. 누구나 어떤 일을 지속하는 것이 어렵다. 그래서 경영활동의 기본 틀을 통해 실행하는 것이 중요하다.

매년 초, 우리는 운동또는 다이어트 과 금연을 꼭 새해 목표에 넣는다. 왜 이 목표는 매년 반복될까? 매년 달성하지 못하기 때문이다. 하루 이틀 한다고 쉽게 달성되지 않기 때문이다. 누구나 쉽게 달성할 수 없으므로 매년 같은 목표를 반복하게 된다.

사람들은 왜 목표 달성에 실패할까? 많은 목표가 성실하게, 장기간, 꾸준히 실행해야 달성할 수 있는 목표이기 때문이다. 특히 '꾸준히'가 어려워 목표 달성에 실패한다. 목표 달성을 한 사람들은 공통으로 말한다. 매일 일정하게 시간을 할애하고, 자기만의 실행순서와 방법을 만들고, 원칙을 정해 그것을 꾸준히 따라야 한다고. 그래야 결국 목표를 달성하게 된다.

우리 매장의 경영목표가 정해지면 전략적으로 정한 경영활동을 일정 기간 지속해서 실행해야 한다. 하지만 대부분 시작조차 하지 않는 것이 현실이다. 지속해서 꾸준히 하는 것은 당연히 더 어렵다. 당장 들이는 노력과 희생은 큰 것 같은데, 결과는 하루 이틀 만에 나오지 않기 때문이다.

목표가 정해지면 땅에서 발을 떼고 움직여야 한다. 천천히라도 한 걸음 한 걸음 걸어야 한다. 가속도가 붙으면 전속력으로 힘껏 달리기도 해야 한다. 이 일련의 과정에 지속성이 필요하다. 경영활동의 기본 틀은 이런 실행을 지속하게 하는 힘이 된다.

경영활동의 리뷰와 반영

경영활동 실행 후에는 반드시 리뷰가 있어야 한다. 경영활동의 기본 틀이 실행을 지속하게 하는 힘이라면, 경영활동의 리뷰와 반영은 실행의 효율성을 관리해준다. 경영계획을 세우고 실행하다 보면 목표를 달성할 수도 그렇지 못할 수도 있다. 어떤 결과가 나오든지 이유를 찾고, 다음 계획에 반영하는 것이 꼭 필요하다.

대부분 결과가 좋으면 이 방법이 최선이라 믿고 그대로만 한다. 목표를 달성하지 못하면 무작정 그 방법을 멈춘다. 꼼꼼하게 분석해보면 더 좋은 방법이 있을 때가 많다. 어느 부분만 수정/보완하면 최선의 방법이 되는 경우도 많다. 리뷰하고 즉시 반영하라.

이상 세 가지 요소의 유기적인 결합이 바로 매장경영시스템이다. 경영목표의 설정과 관리목표 지향성, 경영활동의 기본 틀실행의 지속성, 경영활동의 리뷰와 반영전략의 효율성이다. 이 세 요소를 우리 매장에 최적화된 시스템으로 가동하면 제대로 매장경영을 할 수 있다.

Plus-Tip. 경영활동을 리뷰하는 방법

1. 기본적으로 결과 수치를 점검한다. 처음 목표 숫자와 최종 결과 숫자를 비교하는 것이다.
2. 경영활동 실행 정도를 점검한다. 계획했던 활동들이 제대로 실행 완수됐는지 확인해야 활동과 결과의 연결성을 알 수 있다.

1, 2를 결합해보면 목표 달성 또는 미달성의 원인을 알 수 있다. 결과의 원인이 경영활동의 제대로 된 실행에 있는지, 구체적인 실행방법에 있는지 판단할 수 있다.

활동은 실행 완수됐으나 결과가 좋지 않을 때가 있다. 방법을 수정, 보완할 것인지, 그만할 것인지 결정해야 한다. 활동이 제대로 실행되지 않았을 때가 있다. 어떤 이유로 실행되지 않았는지 확인해야 한다. 같은 내용으로 다시 실행해볼 것인지도 결정해야 한다. 실행과 결과가 다 좋을 때도 다음 계획에 더 반영해야 할 부분이 없는지 살펴봐야 더 효율적으로 활동할 수 있게 된다.

3. 1, 2의 결과를 가지고 다시 목표를 점검/수정하고, 실행방법에 정확하게 반영한다.

Sub-Note. 매장경영인의 세 가지 인격

마이클 거버는 《사업의 철학》에서 창업자의 내면에 세 가지 인격이 있다고 했다. 바로 '기업가, 관리자, 기술자' 인격이다.

첫 번째, 기업가 인격이다. 기업가 인격은 꿈을 그리는 비전가다. 미지의 세계를 탐색하고, 미래를 자극하고, 기회로부터 가능성을 찾는 우리 내면의 창조적 인격이다. 항상 더 나은 미래를 꿈꾸며 살아가게 한다. 어떻게 하면 머뭇거리는 사람들에게 발목을 잡히지 않고 기회를 좇을 수 있을까 하는 것이 기업가 인격의 고민이다.

두 번째, 관리자 인격이다. 관리자 인격은 실용적이고 계획적이다. 기업가 인격이 변화를 즐기는 데 반해 관리자 인격은 질서를 갈망한다. 기업가 인격은 늘 기회를 포착하지만, 관리자 인격은 늘 현재의 문제를 찾아낸다.

기업가 인격의 비전과 관리자 인격의 실용주의가 결합하면 위대한 사업결과를 성취할 수 있다. 리더는 꿈꾸는 사람이고, 참모는 그것을 현실적으로 하나하나 관리, 완성해 나가는 사람이라면 관리자 인격은 이 참모의 역할에 더 가깝다.

마지막으로 기술자 인격이다. 기술자 인격은 직접 실행하는 주체다. 참모 아래에서 실무를 담당해 실행하는 역할이라고 보면 된다. 기술자 인격은 주로 한 번에 한 가지 일을 한다. 한꺼번에 두 가지 일을 끝마칠 수 없다. 자기 생각대로 정해진 범위의 작업 과정을 진행할 때 행복하다.

기업가 인격이 꿈꾸는 고상한 아이디어나 관념 따위는 신뢰하지 않는다. 아이디어가 아니라 실질적인 '작업 방법'에 관심이 있다. 기술자 인격에 모든 아이디어는 방법론으로 구체화 돼야 한다. 그렇지 않을 때는 허상에 불과하다.

기업가 인격은 늘 꿈을 꾸고, 관리자 인격은 늘 조바심을 내며, 기술자 인격은 늘 심사숙고하며 자기만의 실행방식을 고집한다. 전형적인 소기업 사업주들을 보면, 기업가 인격 10%, 관리자 인격 20%, 기술자 인격은 70% 정도를 차지하고 있다. 하지만 이 시대 매장경영인이 갖춰야 할 기본 역량은 기술자 인격보다는 기업가 인격과 관리자 인격에 더 가깝다.

사업을 처음 시작한 사람들은 대부분 기술자의 관점에서 일하게 되는데, 그것은 다음과 같이 기업가 관점과는 다르다.[5]

1. 기업가 관점은 '사업을 어떻게 운영할까?' 하고 묻지만, 기술자 관점은 '무슨 일을 해야 하지?' 하고 묻는다.
2. 기업가 관점은 사업을 고객을 위해 외적인 결과를 도출함으로써 '이익을 창출하는 하나의 체계'로 보는 반면, 기술자 관점은 사업을 기술자 자신을 위해 내적인 결과를 도출해 '수입을 올리고자 일하는 장소'로 본다.
3. 기업가 관점은 미래에 대한 '명확한 비전에서 출발해 그 비전에 맞도록 바꾸기 위해 현재로 돌아오는' 반면, 기술자 관점은 '현재에서 출발해 그 현재와 똑같은 모습이기를 소망하며 불확실한 미래'를 기다린다.
4. 기업가 관점은 먼저 '전체로써 사업을 조망하고 거기에서 부분을 이끌어내는'

---

5) 마이클 거버, 《사업의 철학》, 라이팅하우스(2015), 97~98면 참조

반면, 기술자 관점은 먼저 '부분을 조망하고 거기에서 전체를 구성'한다.

5. 기업가에게 '오늘날의 세계는 그의 비전에 따라 만들어지는' 반면, 기술자에게 '미래는 오늘날의 세계에 따라 만들어진다'.

매장의 규모와 사업의 크기가 작을수록 경영인은 주로 기술자 인격을 가지고 일한다. 본인이 일의 실무자가 돼 하나하나 챙긴다. 직접 실행해야 안심을 한다. 하지만 사업의 규모가 점점 커질수록 경영인은 관리자 인격에 힘을 더해야 한다. 혼자서 모든 일을 실행하고 통제할 수 없으므로 사업 전반을 관리할 수 있는 역량이 더 필요하다.

기업가 인격은 사업의 규모를 떠나 모든 경영인이 기본적으로 갖추고 있어야 할 우선 바탕이다. 혼자 사업을 꾸려나가는 1인 사업가도, 직원을 여럿 둔 매장경영인에게도 필요하다. 경영활동의 가장 큰 그림을 그리고 미래를 만들어가는 것이 바로 기업가 인격이기 때문이다.

결국, 매장경영인은 이 세 가지 인격을 균형 있게 사용하고, 나의 경영활동에 적용해야 한다. 기업가 인격을 중심으로 관리자 인격과 기술자 인격을 내 사업에 어떤 비중으로 발현할 것인가 하는 것은 사업의 성패에 아주 중요하다.

'즐거움'이 있다

고객을 빨아들이는 '즐거움'

잘나가는 매장의 공통점은 다음과 같다.

- 들어가기 쉽다.
- 보고 고르기 편하다.
- 즐거움을 선사한다.

매장은 '즐겁게 왔다 가는 곳'이 돼야 한다. 많은 창업 전문가들도 동일하게 얘기한다. '그곳에 갔다 오는 것만으로도 기분이 좋아지는 곳, 즐거운 곳'이 돼야 한다고.

오프라인 매장은 실제 '공간'이 존재한다. 온라인이라는 가상의 공간과는 다르다. 그래서 '실감實感'이 존재한다. 이 공간이 매력적이면 고객이 찾아오고, 장사가 잘된다. '실감'은 무섭게 성장하는 온라인 시장에 대응하는 오프라인 매장의 유일한 성공 방법이다.

고객에게 매력적인 매장은 즐거운 콘텐츠가 가득하다. 직원들이 기분 좋고 유쾌하며 친근하다. 그 매장의 고객 경험이 즐겁다. 이것은 실감할 수 있는 오프라인 매장만의 차별화 포인트다.

'즐겁다'라는 말은 '마음에 거슬림이 없고 흐뭇하다'라는 뜻이다. 쉽게 '즐겁다'란 말을 쓰지만, 누군가의 즐거움을 만드는 것은 어렵다.

고객 경험은 수많은 찰나의 연속이다. 초 단위로 고객의 경험이 형성된다. 그 사이에 수많은 요소가 고객 경험에 관여한다. 이 모든 것을 통제하고 관리하는 일은 분명히 어렵다.

- 우리 매장에서는 고객에게 어떤 즐거움을 줄 것인가?
- 어떤 순간에 어떻게 고객을 흐뭇하게 할 것인가?

매장경영인과 직원 모두의 예민함, 세심함, 참신함, 꼼꼼함이 필요하다.

고객은 매장에 들어서기 전부터 우리 매장을 경험한다. 매장 밖 윈도, 매장 안으로 들여다보이는 풍경도 고객에겐 경험이다. 매장에 들어서는 순간

맞닿는 공기와 분위기, 흘러나오는 음악, 매장의 온도, 향기, 조명도 경험이다. 나를 맞아주는 매장 사람들의 표정, 첫인사도 경험이다.

매장 안에 있는 동안의 모든 매장 환경, 초 단위의 순간들이 경험이다. 고객이 매장 밖으로 나온 이후, 매장에서 오는 해피콜Happy Call, SMS, 손편지 등 매장과의 모든 접촉도 고객 경험이다. 오로지 고객의 '즐거움'을 목표로 이 모든 것을 계획하고 관리해야 한다.

이제 매장경영인의 역할은 단순히 '잘 파는 매장'을 만드는 것이 아니다. '고객을 즐겁게 하는 매장'을 만드는 것이다. 고객이 즐거우면 잘 팔리는 것은 결과로 따라온다. 간혹 고객이 즐겁기는 한데 실제 구매로 연결되지 못하는 경우도 있다. 그래서 '즐거운 경험'을 '잘 팔리는 결과'로 긴밀히 연결하는 포인트가 필요하다.

내가 창업하고자 하는, 경영하고 있는 매장은 어떠한가?

- 고객이 우리 매장에서 즐거워하는가?
- 우리 매장의 상품은 고객에게 즐거움을 줄 수 있는가?
- 상품 외 우리 매장만의 즐거움을 줄 만한 요소가 있는가?
- 나는 우리 매장만의 즐거운 경험을 계획하고, 만들어내고, 관리하는가?
- 고객은 우리 매장에서 즐겁게 구매하는가?

잘나가는 매장의 힘 = 즐거운 경험

지금 이곳에 불이 났다. 여러 사람이 모여 있는 이곳에서 누가 제일 먼저 밖으로 나갈 수 있을까?

답은 두 가지인데 먼저 '출입문 가까이에 있는 사람'이다. 다음은? 출입문과 다소 먼 거리에 있더라도 '달리는 속도가 빠르고, 힘아비규환의 상황에서 다른 사람을 밀치고 나올 수 있는이 가장 센 사람'이 생존 가능성이 가장 크다. 전자는 가장 '최신 기억'이고, 후자는 가장 '강력한 기억'이다.[6]

정말 즐거웠던 경험은 머릿속에 선명하게 남는다. 그래서 강력한 기억이 된다. '경험의 기억'은 고객이 '선택하게 하는 힘'이다. 매장에서 선택이란 고객의 구매를 말한다. 고객에게 즐거움을 주지 못하면 대부분 단발성 고객1회만 구매하고 안 오는 고객으로 끝난다. 고객 한 명을 확보하는 데 많은 돈, 시간, 정성이 든다. 즐거운 경험을 통해 고객에게 지속적으로 선택받는 매장이 돼야 한다.

2018년 삼성패션연구소에서는 패션 시장의 키워드를 '가변성의 시대 속 마이크로 취향을 진정성 있는 경험으로 연결, Hyper Connected Society초연결사회'로 보고 이에 대한 패션 시장 전망을 발표했다.

---

6) 김유진, 《브랜드 브랜더 브랜딩》, 패션인사이트(2009), 19면 참조

2018년에는 예측 불가능성과 가변성이 새로운 표준으로 자리매김Market Unpredictable & Variable, 소비자 경험을 일으키는 플랫폼의 중요성 확대 Business Platform First, 소비자와 소통하며 영향을 주고받는 상호 연결성 강화 Brand Interrelation, 일상 속 편안함과 심리적 안정감을 중시하는 스타일링Style Sloungewear, 기민하고 유연한 대응Solution Agile & Flexible 현상 등이 나타날 것으로 내다봤다.

특히 소비자들이 유형 상품에서 감성과 서비스 재화로 소비를 이동하는 현상을 '상품 이탈'이라고 하며, 2018년에도 이른바 '상품 이탈 시대'의 도래가 가속화할 것으로 전망했다는 것이 눈에 띈다.

상품보다 경험과 참여로 구매 행동 자체보다 소비 여정과 장소 등 서비스, 감성 경험으로 소비의 무게중심이 이동하고 있다. 패션 상품 역시 소비자들의 높아진 안목을 반영해 일용품 이상의 차별화된 가치를 갖지 못할 경우 소비자 선택에서 밀려나게 된다는 것이다.[7]

이제 고객은 '상품 중심의 선택에서 이탈'해, '소비자 경험에 대한 높아진 기대치를 충족시키는 매장'을 원한다. 과연 우리 매장에서는 고객에게 즐거운 경험을 주고 있는가? 즐거운 경험을 주는 매장만이 고객에게 선택을 받는 시대가 됐다.

---

7) 박윤정, '2018년 패션시장, 삼성패션연구소 어떻게 보고 있나?', 패션저널&텍스타일라이프(2017.12.26.) 참조

Sub-Note. 고객이 우리 매장에 오지 않는 이유

매장경영인이 늘 갖는 생각이 있다.

'우수한 상품만 있다면 우리 매장도 잘되지 않을까?'

'돈을 펑펑 써서 대대적인 홍보마케팅만 한다면 고객이 우리 매장에 줄을 서고 몰려들지 않을까?'

틀린 말은 아니지만, 이것만으로는 부족한 시대다.

우리 매장에서 판매하는 상품은 최선의 결과물이다. 직간접적으로 최선의 상품을 기획, 제작해 매장에 들여놓는다. 가능한 인적, 물적 자원을 최대한 활용해 마케팅과 홍보를 한다.

우리 매장의 상품이 시장에서 획기적인 상품으로 인정받는다면, 마케팅과 홍보로 사람들에게 단번에 알려지기만 한다면 잘나가는 매장이 되는 일은 아주 쉽다. 하지만 인기 상품을 만드는 일은 최선을 다하더라도 운이 많이 따르는 일로 쉽지 않다.

마케팅과 홍보도 기본적으로 돈이 많이 든다. 무엇보다 이것만이 고객이 구매를 결정하는 절대적 요인이라고 단정 짓기 어렵다. 결국, 우리 매장의 매출은 매장에서 직접 주도적인 활동을 통해 만들 수 있어야 한다.

'왜 우리 매장에 고객이 안 올까?'

매장경영인이 가장 많이 하는 고민이다. 상권 자체가 특A급이 아니라면 대부분의 매장경영인은 입점고객 수 고민을 한다. 하지만 적극적인 고객유치 전략을 생각하기보다는 막연히 걱정만 할 때가 많다.

이 고민을 해결해주는 열쇠가 바로 '즐거운 경험'이다. 우리 매장만의 특별한 가치로 흥미와 관심을 끌어야 고객이 들어온다.

고객이 우리 매장에 오지 않는 이유는 크게 두 가지다.

1. 우리 매장을 몰라서다

우리 매장의 존재 자체를 모를 수 있다. 매장의 존재는 알지만 들어가고 싶은 흥미를 못 느꼈을 수도 있다. 공통적으로 우리 매장이 고객의 관심 대상에 들지 못했기 때문이다. 과연 우리 상권 내 유동고객들은 우리 매장을 다 알고 있을까? 우리 매장을 필요로 하지만 아직 잘 모르고 있을 가능성이 크다.

2. 우리 매장을 잊어서다

고객은 우리 매장이 싫어서가 아니라 우선순위로 기억하지 못해서 못 온다. 단발성 고객이 많이 생기는 이유다. 고객은 우리 매장에 구매 경험이 있지만, 다시 사야 하는 순간, 1순위로 떠올리지 못한다.

고객은 최신 기억이나 강렬한 기억을 우선 떠올린다. 이 기억 때문에 떠오른 '구매 고려대상 매장군'에서 대부분의 구매가 이루어진다. 즐거운 경험은 구매의 순간에 강력한 기억으로 우리 매장을 떠올리게 한다.

고객에게 즐거운 경험을 주는 방법

어떻게 고객에게 즐거운 경험을 줄 수 있을까?
고객 경험의 가장 본질적인 요소는 '상품'이다.

A매장에서 옷을 구매했다. 소재가 쾌적하고, 색상도 마음에 든다. 입었을 때 많은 사람들이 멋있다는 칭찬을 한다. 이 옷은 고객에게 즐거운 경험이다.

커피전문점에서 커피를 마신다. 깊은 풍미가 느껴진다. 함께 온 사람들도 커피 맛에 극찬한다. 그 맛을 잊지 못해 다시 그곳을 찾는다. 이 또한 즐거운 경험이다.

서비스가 엉망이더라도 맛이 좋은 음식점엔 줄이 길다. 욕쟁이 할머니 맛집이 대표적이다. 가격이 수백만 원 하는 명품 브랜드 매장도 대기 줄이 길다. 상품이나 브랜드 가치가 본질적인 좋은 경험, 즐거운 경험이다. 기본적으로 좋은 상품을 팔아야 한다.

상품이 평준화되기 시작했다. 특히 동급 가격대와 품목에선 더욱 그렇다. 세상엔 좋은 상품이 참 많아졌고, 좋은 브랜드도 많아졌다. 이제 유사 고객을 대상으로 하는 매장끼리 상품 품질 차이가 거의 없어졌다. 그렇다면 우리는 어떻게 고객 경험을 차별화시킬 것인가?

매장에서 직접 상품을 생산하지 않는다고 하자. 매장에서 만들 수 있는 고객 경험은 상품 이외의 거의 모든 것이다. 고객이 최종 구매 결정을 할 때 실제 영향을 주는 비중을 보자. 평균적으로 상품 30%, 그 외의 고객 경험이 70% 정도다. 상품이 기본 수준 이상이라면 상품 외에 줄 수 있는 고객 경험을 '즐겁게' 만드는 것에 집중해야 한다. 이것은 특정 브랜드 아무 매장이 아니라, 우리 매장에 고객이 오는 이유가 된다.

고객이 매장에 들어설 때부터 매장을 나오는 순간까지 고객에게 즐거운 경험이 돼야 한다. 매장의 분위기를 구성하는 조명, 음악, 공기, 상품을 재미있게 보여주는 테마 공간 등으로 즐거운 경험을 준다. 반갑고 친근하게 맞아주는 직원들, 각 고객에 맞는 상품을 잘 골라주고 재치 있게 설명해주는 실력으로 고객을 즐겁게 한다.

직접 얼굴을 보지 않는 순간에도 즐거운 경험을 줄 수 있다. 고객이 매장을 나온 후, 다정한 연락을 통해 중요한 이벤트 정보나 도움이 될 만한 소식을 전할 수 있다. 생일이나 특별한 날을 챙겨 연락해 즐거움을 줄 수 있다. 이런 순간들이 고객에겐 매장과의 즐거운 접촉점이고, 이 접촉점들이 곧 고객 경험이 된다.

Sub-Note. 잘나가는 매장의 고객 경험 따라 하기
: 고객 경험 사이클의 구조

1. 고객을 기다리지 않고, 불러들이기

윈도우 구성, POP, 매장 외관, 출입문,
SMS, TM, 손편지, 각종 쿠폰 배포 등

고객 입점

1

2. 고객이 매장에 들어오는 순간

활기찬 매장 느낌으로 대기하기,
기쁘고 반가운 환영 인사, 짐 있는지
확인하고 도와주기, 음료 접대
* 가족처럼, 복수 응대도 적극적으로

2

3. 고객 가까이 다가서기

고객의 표정/걸음걸이로 성향 파악,
고객의 관심 상품 알아채기
* 고객이 두리번거리면 "도와드릴까요?"
* 상품을 꺼내서 보면 "이 상품은요…"(상품 특장점 설명)

3

4

4. 전문가로 제안하기

실고객의 니즈 파악하기, 질문 잘 활용
하기, 1·2·3안 준비
* 반드시 상품을 사전 시착해볼 것

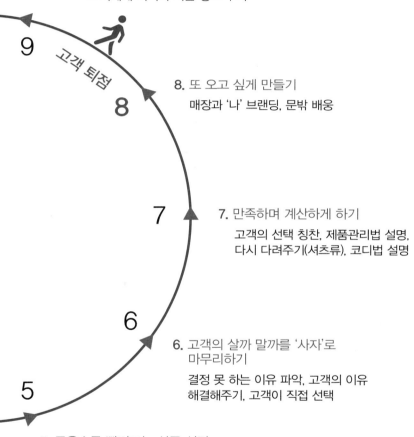

9. 계속 우리 매장 생각나게 하기
해피콜, 안부 연락, 기념일 챙기기,
고객에게 이익이 되는 정보 주기

9

고객 퇴점

8

8. 또 오고 싶게 만들기
매장과 '나' 브랜딩, 문밖 배웅

7

7. 만족하며 계산하게 하기
고객의 선택 칭찬, 제품관리법 설명,
다시 다려주기(셔츠류), 코디법 설명

6

**6. 고객의 살까 말까를 '사자'로
마무리하기**
결정 못 하는 이유 파악, 고객의 이유
해결해주기, 고객이 직접 선택

5

5. 들을수록 빨려드는 상품 설명
이익+논리+열정으로 설명, 한 번에
한 가지씩 설명, 퍼스널 컬러 활용

즐거운 직원이 잘나간다

매장에서 우리의 역할은 '고객의 경험을 새롭고 즐겁게 만드는 것'이다. 친절만으로는 부족하다. 제품에 대해 잘 아는 것만으로는 부족하다. 우리 매장이 처음부터 끝까지 모두 고객에게 즐거운 경험으로 남을 수 있어야 한다.

'텟세이' 청소부들의 즐거운 고객 경험 만들기

일본에는 신칸센 열차를 청소하는 '텟세이'라는 회사가 있다. 청소회사다. 이 청소회사를 미국 하버드대 비즈니스스쿨과 중국 칭화대학, 일본 와세다대학 등 세계 각국에서 연구하고, CNN, 독일 국영TV, NHK 등 세계적인 언론들이 앞다투어 취재한다. 무엇이 그렇게 매력적일까? 그들이 고객 경험을 만드는 과정을 살펴보자.

업무와 역할의 정의를 다시 하다

텟세이의 주요 업무는 청소다. 하지만 그것은 기본이다. 승객들에게 감동을 줄 수 있는 서비스를 하는 조직으로 스스로를 정의하고 있다. 직원들은 청소 외 다른 일들을 해야 할 의무가 없지만, 청소를 비롯한 고객의 즐거운 경험을 만들어 주는 것이 텟세이의 일이라고 스스로 생각한다.

고객 관점에서 보면 집을 나와 신칸센을 타고 목적지로 가는 모든 과정이 '여행의 추억'이라는 경험이기 때문이다. 현장 모든 스태프들이 이런 생각을 명확히 공유하고 있기 때문에 넓은 시야에서 고객에게 감동적인 경험을 주고 있다.

'신칸센 극장, 7분의 기적'

고객이 텟세이의 고객 경험을 단적으로 표현한 문구다. 청소라는 단순한 업무가 어떻게 고객의 즐거운 경험으로 승화됐을까?

역 내에 열차가 들어오기 시작하면 그들은 반가운 인사로 고객을 맞는다. 이것이 그들의 첫 업무다. 그리고 하차하는 승객들을 맞이하며 쓰레기를 수거해 고객의 불편을 줄여준다. 고령의 승객이나 짐이 많거나 아이를 동반한 고객이 하차하기 쉽게 돕기도 한다. 시점마다 특색 있는 유니폼을 입어 고객들의 눈을 즐겁게 한다. 청소가 주 업무지만 도움을 필요로 두리번거리는 고객을 보면 먼저 찾아가 그들을 돕는다.

승객이 하차하면 본격적인 '신칸센 버라이어티 쇼'가 시작된다. 25m 길이의 객실 통로를 걸으며 좌우 100개 좌석을 살피고, 좌석 주변의 쓰레기를 바닥에 떨어트린다. 좌석 회전기로 좌석 전체를 출발 방향으로 돌린다. 닫혀 있는 창문 블라인드를 연다.

통로에 모아둔 쓰레기를 빗질로 모아 버린다. 오물이 있으면 물걸레로 닦아낸다. 좌석 커버를 교체한다. 수리가 필요한 부분이 있으면 신칸센에 보고한다. 수거한 쓰레기를 분류해서 버린다. 이 과정에서 분실물을 발견하면 버리지 않도록 챙긴다. 마지막으로 상급자의 오케이 사인이 떨어지면 작업이 끝난다.

청소 시간은 총 6분 40초가 걸린다. 7분 안에 모든 일을 일사불란하게 처리해내는 청소 과정을 신칸센 승객들은 차창을 통해 영화처럼 바라볼 수 있으므로 '신칸센 극장'이라는 별명이 붙었다. 그들의 청소하는 모습조차도 고객에겐 즐거운 경험이 된다. 청소를 끝낸 뒤 승차하는 고객에게도 다시 '오래 기다리셨습니다'라고 인사한 후 다음 장소로 이동한다.[8]

고객들은 단순히 청소하는 역동적인 시간 7분뿐만 아니라 그 앞뒤의 서비스까지 결합해 긍정적인 하나의 경험을 하게 된다.

매장경영인이 직원들의 사명감을 일으키면 우리 매장에서 평범하고 사소해 보이는 일이 아주 특별한 일이 될 수 있다. 이 특별한 사명감은 우리 매장 고객에게 상품과 서비스를 넘어서서 즐거운 경험을 제공할 수 있다.

---

8) 야베 데루오, 《신칸센 버라이어티쇼》, 한언(2014), 17, 46~47면 참조

잘나가는 매장의 탄생

우리 매장에서 고객의 즐거움을 만드는 핵심 요소

1. 전문적인 상품 제안

고객은 '내게 딱 맞는 제품'을 원한다. 최근 의류업계에도 유니클로, 자라 등 SPA[9]형 매장들이 많아졌다. 고객은 셀프 구매 과정에 아주 익숙해졌다. 스스로 보고, 입고, 구매한다. 하지만 고객 성향이나 아이템 특성에 따라 여전히 사람의 직접 응대가 필요한 매장도 많다.

패션 상품 매장에서 고객은 전문적인 스타일 제안받기를 원한다. 매장에는 비슷한 상품이 아주 많다. 이 중에서 내게 딱 맞는 것을 고르는 일은 복잡하고 어렵다. 그래서 누군가의 도움이 필요하다. 고객에게 딱 맞는 옷을 골라준다면 고객은 최적의 상품을 즐겁게 구매할 수 있다.

대형 마트에 가서 간단한 생필품을 살 때도 마찬가지다. 세제나 치약을 하나 살 때도 워낙 상품의 종류와 선택의 폭이 다양하다. 그래서 고객은 고민스럽다. 누군가가 내게 딱 맞는 상품을 추천해준다면 주로 그것을 사게 된다. 아니면 주로 가격 경쟁력이 있거나 원래 쓰던 익숙한 것을 사게 된다.

2. 고객 개인에 맞춘 응대와 배려

고객은 모두 다르다. 매장에서는 이들을 동시에 만족시켜야 한다. 어떤

---

9) SPA(Specialty retailer of Private label Apparel)는 패션업체가 상품 기획부터 디자인, 생산, 유통, 판매까지 모든 과정을 일괄 처리하는 방식이다. 시장 상황에 맞춰 단 몇 주 만에 신상품을 대량으로 공급하는 것이 가능하기 때문에 패스트패션(Fast Fashion)이라고 부르기도 한다.

고객은 일일이 챙겨주길 원한다. 그렇지 않으면 섭섭해 한다. 어떤 고객은 가까이 다가오는 것조차 싫어한다. 혼자만의 시간을 편하게 생각한다. 다양한 성향과 니즈를 가진 고객들로 인해 상품 제안 실력이 있어도 고객 응대 과정은 어렵다.

같은 고객도 상황에 따라 다르다. 내가 급할 때는 최대한 빠르게 도와주길 원한다. 반대의 경우엔 서두르는 것 자체가 불편하다. 실시간 변하는 고객의 상황과 감정을 알아채라. 그에 맞는 적절한 응대와 배려를 하면 고객 경험이 즐거워진다.

3. 쾌적하고 활기찬 매장 환경

매장은 늘 쾌적하고 활기찬 공간이어야 한다. 어디든 일단 청결해야 쾌적하다. 매장 업무의 시작과 마무리로 청소를 하는 것이 그 이유다. 자주 환기를 시키고, 매일 구석구석 먼지를 털어내야 한다. 매장은 적막하지 않도록 음악을 트는 것이 좋다.

예전 한 브랜드 매장에 갔을 때였다. 어디서 웅얼거리는 소리가 계속 들렸다. 자세히 들어보니 스님이 염불하는 CD를 매장에 틀어 놓은 것이었다. 우리 매장과 어울리는 음악이어야 한다. 개점, 폐점, 시간과 날씨에 따라 음악을 잘 활용하는 것도 매출을 올리는 데 도움을 준다.

실내 온도가 적절한지도 수시로 살펴야 한다. 매장이 너무 춥거나 더우면 안 된다. 고객이 빨리 그 공간을 벗어나고 싶어진다. 혹시 불쾌한 냄새가 나지 않는지, 공기가 답답하진 않은지 수시로 체크하고 매장을 쾌적하게 유지해야 한다.

행거에 걸리거나 진열된 상품은 매일 다시 정리해야 한다. 선반 위에 놓인 상품은 매일 먼지를 털어내야 한다. 선반과 선반에 놓인 상품은 부드러운 흰색 면장갑으로 닦아내면 상품이 손상되지 않으면서 쉽게 청소를 할 수 있다. 상품은 애정 어린 손길이 닿을수록 더 예뻐진다. 자꾸 먼지를 털어내고 만져야 한다.

고객이 없더라도 가만히 서 있지 말고 움직여라. 그래야 역동적이고 활기찬 매장으로 보인다. 사람들은 적막한 곳에 들어가길 꺼린다. 직원들끼리 모여서 수다를 떨거나 컴퓨터 화면만 뚫어지라 바라보고 있는 곳이 많은데, 고객을 쫓아내고 있는 것이다. 요즘은 스마트폰을 들여다보고 있느라 고객이 들어오는 것을 모르는 매장도 많다.

상품의 진열을 고민하고 수시로 바꿔라. 같은 상품이라도 새로움과 변화를 줄 수 있다. 특별히 타깃 고객이 흥미를 느낄 만한 상품 테마 존을 꾸며라. POP[10]를 재미있게 만들어 고객의 시선을 끌고 갖고 싶게 만들어야 한다. 고

---

10) POP(Point Of Purchase) 광고는 매장을 찾아온 손님에게 즉석에서 호소하는 광고를 말한다. 매장 안에 걸어 놓은 포스터, 디스플레이, 상품 설명 안내판, 쇼 카드, 가격표 등이 이에 속한다.

객을 즐겁게 만들 요소를 매장 구석구석 배치하고, 고객이 재미있게 매장을 탐험하게 하라.

4. 고객에게 유익한 정보와 반가운 소식을 제공

구매 여부를 떠나 고객이 매장에 있는 동안 유익한 정보를 제공하라. 매장을 나간 이후에도 고객-매장 간 즐거운 스킨십이 있어야 한다. 그래야 구매해야 할 순간에 우리 매장을 우선순위로 떠올린다. 그러려면 구매 시점에 반드시 고객의 정보를 확보해야 한다.

고객이 관심 있었던 아이템 정보를 전하라. 고객이 구매한 상품을 기억하고, 상품 사용과 관리에 필요한 정보를 추가로 알려주라. 신상품에 대한 최신 정보를 전하는 것도 좋다. 고객의 기념일을 기억하고 세심히 챙겨라. 계절의 바뀜에 따라 친밀한 안부를 전하며 고객과 지속해서 즐거운 관계를 유지할 수 있다.

Sub-Note. 매장의 어떤 요소가 고객 구매에 영향을 미칠까?

일반적으로 고객의 구매 결정에는 '응대'가 제일 중요하다. 그다음이 연출, 상품 순이다. 고객 입점 초기, 연출과 상품의 영향력은 반반이다. 응대보다 이 요소가 우선된다. 이 부분으로 고객의 흥미와 관심을 끌 수 있어야 고객이 매장에 들어온다.

그러나 그 이후부터 고객은 응대에 따라 결정적으로 사고 안 사고를 결정한다. 그래서 각 고객에 맞춘 맞춤 응대가 중요하다. 고객이 알고 싶어 하는 정보를 주고 비교, 검토하라. 우리 상품을 잘 알고 설명하는 전문성이 중요하다.

결국, 고객이 매장에 들어오기까지는 연출이나 상품이 중요하고, 그것이 고객이 흥미나 관심을 가지는 주인공이다. 그러나 실제 구매를 결정하는 데는 이 상품을 각 고객에 맞게 어떻게 연출하고, 설명하며 응대하냐가 더 중요하다.

'매출 공식'이 있다

매출 공식만 알면 이미 절반은 성공

매장 매출이 만들어지는 공식은 명쾌하다.

매출 공식 1

매출 = 입점고객 수 × 판매 성공률 × 회단가(1회당 평균 구매액)

첫째, 고객이 매출을 만든다. 고객이 일단 매장에 와야 팔 기회가 생긴다. 우리 매장에 들어온 고객이 '입점고객'이다.

둘째, 입점한 고객이 구매해야 한다. 입점한 고객 중 몇 %나 구매했냐가 '판매 성공률'이다.

셋째, 고객의 1회 평균 구매액이 '회단가'다. 전체 매출을 전체 구매고객 수와 구매 횟수로 나누면 된다.

매출 공식 1은 기간 매출의 단면을 보여준다. 오늘, 이번 주, 이번 달, 올해 매출 등을 보는 간단한 방법이다. 이에 따르면, 최대한 입점고객 수를 늘리고, 입점고객 중 최대한 많은 고객에게 팔며, 1회당 평균 구매액을 높일수록 매출을 올릴 수 있다.

매출 공식 1은 앞의 세 가지 매출 요인을 중심으로 매장 전체 매출을 본다. 한 고객을 중심으로 세분화해서 보거나 지속해서 추적, 관리하지 않는다. 1년에 12번 구매하는 고객 A와 1번 구매하는 고객 B를 구분하지 않는다. 고객 A, B는 매번 구매 시에 '**어떤 고객**'으로만 정의된다. 고가-저가 브랜드로 양분화되는 시장에서는 단골고객 관리가 특별히 필요 없는 매장, 단발성 고객이 많은 매장에 어울리는 매출 공식이다.

매출 공식 2

매출 = 구매고객 수 × 회단가 × 인당 구매 횟수

첫째, 구매하는 고객이 중심 요소다. 이 고객을 중심으로 매장은 구매 히스토리를 만들어가야 한다.

둘째, 고객의 1회 평균 구매액이 '회단가'다. 고객마다 평균 회단가가 다르다. 회단가 패턴에 따라 고객별 판매전략 적용이 가능하다.

잘나가는 매장의 탄생

셋째, 고객이 단위 기간보통 1년 기준 내에 몇 번이나 구매하는가? 이것이 '인당 구매 횟수'다.

인당 구매 횟수를 높여 매출을 높이는 전략이 중요하다. 신규고객을 만들면 그 고객을 고정고객화 시킨다. 그리고 습관처럼 자주 우리 매장에 오게 한다. 자주 와서 여러 번 사게 하는 전략이다. 전체 고객의 인당 구매 횟수를 평균 1회씩만 올려도 연간 매출 규모는 눈에 띄게 달라진다.

매출 공식 2는 이미 유통업계에서 많이 활용되고 있는 CFM 개념이다. CFM이란? 특정 고객의 구매 지속성을 기반으로 한, 판매전략의 매출 구성요소로 'Customer 구매고객 수, Frequency 인당 구매 횟수, Monetary 회당 구매 금액=회단가'의 약자다.

오프라인 매장은 정해진 상권 범위가 있다. 그래서 우리 매장에 올 수 있는 잠재고객 수의 한계가 있다. 대부분의 매장은 구매고객의 70% 이상이 1회 구매에 그친다. 우리 매장의 안정적인 매출 기반이 되지 못한다. 한 번 구매한 고객이 지속해서, 더 자주 구매하게 하는 전략이 필요하다.

네 가지만 바꾸면 원하는 매출이 된다

매출 공식 1, 2는 명쾌하다. 단지 이 공식을 통해 매출이 만들어진다. 공식 내, 각 숫자를 마음대로 바꿀 수 있는가? 그러면 원하는 매출을 만들 수 있다. 잘나가는 매장이 될 수 있다.

매출 공식에서 매출을 만드는 숫자는 입점고객 수, 판매 성공률, 회단가, 인당 구매 횟수다.

1. 입점고객 수

입점고객 수는 가장 먼저 바꿔야 할 숫자다. 입점고객이 많아야 구매고객이 많아질 확률이 높다. 우리 매장의 정확한 입점고객 수를 모르는 매장이 대다수다. 오전/오후에, 평일/주말에 어떤 고객이 얼마나 들어오는지 모른다. 입점고객을 정확하게 파악하는 일이 최우선이다. 그래야 이에 따라 입점전략을 세울 수 있다.

실제 입점고객을 파악해보면 다들 놀란다. 매장에서 체감적으로 예측하는 숫자와 다를 때가 많기 때문이다. 입점고객은 우리 매장에 들어오는 고객이다. 일단 우리 매장 문턱을 넘으면 다 입점고객이다.

대부분 매장에서 우리 매장에 들어와 일정 시간 이상 머무르거나 적극적인 행동까지 하는 고객만 입점고객이라 생각을 한다. 그래서 나머지 입점

잘나가는 매장의 탄생

고객을 모두 놓치고 있다.

　일단 많이 들어와야 많이 산다. 그래서 무조건 매장 안으로 들어오게 하는 것이 중요하다. 사려는 마음이 없던 고객도 매장에 들어와서 사고 싶은 것이 생긴다. 매장에서는 사력을 다해 입점고객 수부터 높여야 한다.

　상권 내 유동고객이 많으면 입점고객도 많을 확률이 높다. 매장경영에 상권이 중요한 이유다. 입점고객 수는 매출에 1차로 영향을 주기 때문에 상권은 오프라인 매장 성공에 큰 영향을 끼친다. 매장을 낼 때, 좋은 상권에 비싼 임대료와 권리금을 내는 이유다.

　장사가 안되는 매장은 대부분 '입점고객 수'부터 문제가 있다. 판매하려면 입점고객이 있어야 한다. 입점고객이 적으면 당연히 매출이 오를 수 없는 구조다. 매장의 판매 실력이 같다면 입점고객이 하루 100명인 매장과 10명인 매장의 구매고객 수는 다를 수밖에 없다. '입점고객 수 늘리기'는 잘나가는 매장이 되기 위한 1순위 과제다.

2. 판매 성공률

　'판매 성공률=매장 실력'이다. 입점고객 중 몇 퍼센트나 실제 구매를 하는가가 판매 성공률이다.

판매 성공률(%) = 구매고객 수 ÷ 입점고객 수 × 100

매장 실력이 없어도 장사가 되는 곳이 가끔 있다. 브랜드 자체가 유명하거나 그 시점의 히트상품이 있거나 가격경쟁력이 월등한 경우다. 매장 자체 역할이 거의 없는 특수한 경우다.

대부분의 매장은 매장 실력으로 판매 성공률을 만든다. 매장 실력은 판매하는 사람의 호감도, 응대 수준, 상품 설명 매력 수준 등에 따라 결정된다.

판매 성공률이 높을수록 매출 만들기가 효율적이다. 입점고객 수가 다소 적더라도 판매 성공률을 최대한 높이면 원하는 매출을 만들 수 있다. 보통 패션 상품 매장의 판매 성공률이 입점고객 수의 50% 정도다. 매출이 높은 매장은 평균 70~80%까지 된다. 직원 한 명이 아니라 매장 전체의 판매 성공률을 높여야 매출이 눈에 띄게 바뀐다.

3. 회단가

고객이 1회당 구매하는 평균 구매 금액이 회단가다. 회단가가 2~3만 원인 매장과 20~30만 원인 매장의 총매출은 다르다. 두 매장은 매출을 만드는 전략도 달라야 한다. 회단가를 높여도 효율적인 매출 구조가 된다. 구매 고객 수가 많지 않아도 같은 매출이 나온다. 응대하는 고객 수가 적으니 직원들의 에너지 소모도 적다.

회단가를 높이는 데도 매장 실력이 많이 작용한다. 하나만 사려 했던 고객에게 2~3가지 이상 사게 만들어야 한다. 생각했던 상품보다 더 비싼 상품을 사게 하는 것도 회단가를 높이는 방법이다. 회단가는 매장이 보유하고 있는 상품의 구성력에도 영향을 받지만 결국 응대력, 판매력이 영향을 준다.

최근에는 고객의 구매패턴이 바뀌고 있다. 조금씩 자주, 혜택이 있을 때 위주로 산다. 하지만 판매 실력이 좋은 매장의 평균 회단가가 높음에는 변함이 없다.

이상 세 가지가 매출 구조의 단면을 이루는 요소들이다. 기간 단위 총 매출을 만드는 데 필요한 기본 요소다. 상권이나 타깃 고객, 판매하는 상품의 특성에 따라 어떤 매장은 매출 공식 1만 생각해도 된다. 하지만 매장경영은 지속적이다. 장기적으로 안정적인 매출을 만드는 방법을 고민해야 한다. 매출 공식 2를 중심으로 어떻게 숫자들을 바꿀지 고민해야 한다.

매출 공식 2를 다시 보자.

매출 = 구매고객 수 × 회단가 × 인당 구매 횟수

매출 공식 2의 구매고객 수는 결국 '입점고객 수 × 판매 성공률'이므로 앞서 설명이 된 셈이다. 구매고객 수는 기존고객 수와 새로운 신규고객 수가 합쳐져 이루어진다.

구매고객 수 = 구매하는 기존고객 수 + 구매하는 신규고객 수

우리 매장에서 처음 구매하는 고객이 '신규고객'이다. 이제 막 오픈한 매장이든, 몇 년째 운영되는 매장이든 신규고객 유치가 중요하다. 기존고객만으로는 원하는 매출을 만들기 어렵기 때문이다. 기존고객은 사망, 이사 등 자연적으로 발생하는 인구통계학적 원인만으로도 매년 자연 감소한다.

올해 우리 매장에 1,000명의 신규고객을 만들면, 그대로 유지되는 것이 아니라 매년 기하급수적으로 줄어든다. 그래서 기존고객 유지와 함께 끊임없는 신규고객 유치가 필요하다.

신규고객은 첫 구매 이후 2회, 3회 지속해서 우리 매장에서 구매하게 해야 한다. 우리 매장의 고정고객이 되게 해야 한다. 패션 상품 매장에서 신규고객이 이듬해에 그대로 유지돼 재구매하는 수는 불과 30% 전후다. 정말 매장경영을 잘하는 곳일 때만 50~60% 선을 유지한다.

패션 상품 매장에서 첫 구매를 한 신규고객이 3개월 이내에 두 번째 구매를 하면 우리 매장에 고정적으로 오는 고객이 될 확률이 높다. 통계적으로 검증이 됐다. 첫 구매 후 3개월 이내에 두 번째 구매가 없었던 고객이 이듬해에 구매할 가능성은 평균 20% 정도다. 3개월 이내 구매가 있었던 고객은 40%를 넘어 무려 2배 가까이 차이가 난다A브랜드. C브랜드. R브랜드. W브랜드. O

우리 매장의 신규고객 중 70% 이상이 단발성 고객으로 끝난다. 우리 매장에서 3개월 이내에 두 번째 구매를 시켜야 하는 이유다. 고객은 우리 매장을 먼저 떠올리지 못해서 못 온다. 3개월 이내에 두 번째 구매를 하면 고객의 단기기억이 장기기억이 돼 우리 매장을 정확히 기억하게 된다.

신규고객 전략

① 첫 구매 시 고객 정보를 무조건 획득하고 사용 동의를 얻어야 한다. 이때 확보한 고객 정보를 바탕으로 2~3번째 판매 기회를 만들 수 있다. '고정고객화 → 단골고객화' 시킬 수 있다.

② 첫 구매를 한 고객은 100일 이내에 두 번째 구매를 시키는 것이 중요하다. 신규고객을 단발성 고객으로 끝내지 않고 우리 매장의 고정고객으로 전환시키기 위해서다. 신규고객을 고정고객화해 잘 유지한다는 것은 고객이 지속해서 우리 매장과 관계를 맺고, 구매한다는 뜻이다.

처음으로 구매하는 고객은 지금, 여기서 구매해야 할 이유가 있어야 한다. 첫 구매 이후에는 우리 매장에서 지속해서 구매할 이유가 있어야 한다. 그 이유를 만드는 것이 바로 '고객 입점전략'이다.

4. 인당 구매 횟수

매출을 만드는 데는 기본적으로 구매고객 수가 중요하다. 신규고객 수를 무한정 늘리면 좋겠지만, 우리 매장에서 유치할 수 있는 신규고객 수는 매년 자연 감소한다. 모집할 수 있는 고객 수가 줄고, 모집 속도도 떨어진다. 그 상권의 인구통계적 특성총인구수, 가구 수, 구매가능 연령대 고객 수 등 때문이다.

기존고객을 그대로 유지하기도 어렵다. 올해 구매한 고객이 다음 해에 구매하지 않을 확률이 평균적으로 50~70% 이상 되기 때문이다. 다양한 브랜드 런칭과 매장 오픈 상황 속에서 특정 매장과 브랜드에 대한 고객의 충성도는 낮아졌다.

회단가를 높이는 일도 쉽지 않다. 예전에는 계절이 바뀔 때만 신상품이 나왔고 판매가 잘됐다. 하지만 이제는 시점별 할인정책도 많고 수시로 신상품이 나와서 굳이 한 번에 많이 살 필요가 없어졌다. 수시 프로모션을 잘 활용하면 오히려 더 저렴하게 살 수도 있다. 실제 자주 구매하는 고객일수록 1회당 구매단가가 다소 떨어지는 경향을 보인다.

고객의 '구매 횟수'를 높이는 것이 똑똑한 방법이다. 훨씬 더 다양한 전략을 구사할 수 있다. 상권이 기본적으로 가지는 가망고객 수우리 매장에 와서 구매할 가능성이 있는 고객 수와 고객의 평균 구매 수준회단가을 뛰어넘을 수 있는 접근이다.

패션 상품은 1인당 연평균 2회 정도 구매를 한다. 이 구매 횟수를 평균 1회만 더 높여도 매출 변화가 크다. 회단가의 수준이 식음료 상품처럼 낮지 않기 때문이다. 반대로 회단가가 1만 원 미만의 저렴한 상품들은 구매 횟수를 높이는 것이 더 쉽다. 커피 같은 음료와 식사류는 매일 소비하는 상품이다. 마음만 먹으면 큰 고민 없이 한 번 더 구매할 수 있는 저관여 상품이다.

고객이 우리 매장에서 더 자주 사면 단위 기간당 고객의 구매 총액은 커진다. 1년 동안의 총구매액인 객단가가 커진다. 자주 사려면 고객이 자주 매장에 와야 한다. 매장에 와서 구매할 상품과 자주 마주쳐야 한다. 구매 횟수를 높이기 위해 고객을 더 자주 매장에 나오게 하는 전략이 필요하다. 이것이 '고객 입점전략'이다.

객단가

보통 객단가와 회단가의 개념을 많이 혼용해서 쓴다. 이 책에서 객단가는 1년을 기준으로 한 특정 고객_{고객 A}의 구매 총액으로 정의하겠다. '회단가×구매 횟수=객단가'다.

'객단가=고객가치'다. 객단가가 높은 고객이 우리 매장에서 고객가치가 높다. 우리 매장의 매출 기여도가 높기 때문이다. 조금씩 자주 사든지 한 번에 많이 사든지 고객의 객단가를 높이면 매출은 오른다.

결론적으로 다음의 매출 구성 숫자를 변화시키면 잘나가는 매장이 된다.

각 숫자를 변화시킬 매장전략을 만들고 실행하자.

① 입점고객 수

고객을 어떻게 우리 매장에 들어오게 할 것인가?

② 판매 성공률

고객이 어떻게 우리 매장에서 구매하게 할 것인가?

어떻게 우리 매장에서 처음 구매하게 할 것인가?

어떻게 우리 매장에서 계속 구매하게 할 것인가?

③ 회단가

어떻게 1회당 구매 총액을 높일 것인가?

④ 인당 구매 횟수

어떻게 한 번 더 구매하게 할 것인가?

원하는 매출을 만드는 단계별 전략

1단계: 입점고객 수 늘리기

2단계: 판매 성공률 높이기

3단계: 회단가 높이기 & 구매 횟수 늘리기

- 고객을 많이 오게 한다.
- 입점고객 중 최대한 많은 고객에게 판다.
- 하나 살 고객에게 2개 이상 판다.
- 구매한 고객을 이른 시일 내에 다시 와서 사게 한다.

잘나가는 매장의 탄생

매출 숫자 마음대로 바꾸는 방법 ①
: 입점고객 수 늘리기

고객을 어떻게 우리 매장에 들어오게 할 것인가? 고객은 매장 안에 흥미롭고 재미있는 콘텐츠가 있어야 들어온다. 신규고객과 기존고객을 동시에 불러들이고, 또 각각 불러들일 수 있는 전략이 필요하다.

고객을 매장에 불러내는 방법은 다음과 같다.
- 매주 신상품이나 전략상품을 정하고 알리기
- 매주 이익이 되는 프로모션 알리기
- 매주 재미있는 이벤트 만들고 알리기
- 오감을 활용한 흥미와 관심 끌기

매주 신상품이나 전략상품을 정하고 알리기

신상품이나 그 주에 판매 집중할 전략상품을 정한다. 신규고객은 대부분 매장 앞을 지나가다가 들어오게 된다. 가던 길을 멈추고 매장 안에 들어올 수 있도록 하는 장치가 중요하다. 매장 윈도 연출이나 안내판, 홍보물 등을 매장 입구 또는 전면에 설치하라. 이때 고객이 혹할 만한 문구와 이미지를 사용해야 한다. 매장 앞쪽에 전략상품 존을 구성하면 눈에 띄어 고객이 들어올 확률이 높아진다.

기존고객은 스스로 알아서 매장에 찾아온다. 또는 매장에서 전하는 소식과 정보를 듣고 온다. 고객을 불러낼 거리와 메시지를 정한다. 그리고 고객 정보를 활용해 고객이 올 수 있게 안내한다. SMS문자메시지, TM전화, DM손편지 등을 활용하면 된다. 특히 친한 고객의 경우 SMS보다는 직접 전화하거나 손편지 등을 활용하는 것이 좋다. 개인 안부를 묻고, 추가 소식을 전하는 것이 좋다.

매주 이익이 되는 프로모션 알리기

매주 고객에게 이익이 되는 프로모션을 만든다. 우리 매장에서 실행 가능한 내용이어야 한다. 프랜차이즈 매장이라면 본사에서 진행하는 공동 프로모션을 활용하는 것이 좋다. 그 시점에 고객이 우리 매장에 와서 사야 할 이유를 만들어주는 것이다. 매장 자체 비용을 추가로 감수하며 별도의 프로모션을 만드는 것보다 본사에서 고민해 결정한 내용을 활용하는 것이 유리하다.

본사 프로모션이 거의 없는 브랜드나 개인 매장은 내용을 별도로 고민해야 한다. 흥미로운 사은품이나 특별한 혜택 등을 준비하면 된다. 당장 필요하지 않더라도 이익이 있을 때 구매하는 것이 고객의 구매 심리다.

매주 재미있는 이벤트 만들고 알리기

매주 고객들이 즐거워할 만한 재미있는 이벤트를 만들 수 있다. 사회적 이슈가 있거나, 지역 축제 등이 있다면 그것을 응용해도 좋다. 매장에서 고객을 초청해 다과회를 하거나, 추억의 뽑기 이벤트 등을 해도 된다. 고객이 체험하고 즐거워할 만한 거리를 만들면 된다.

　내용이 만들어지면 대상 고객에게 알리는 것이 중요하다. 기존고객은 고객 정보가 있으므로 직접 전화하거나 초대장을 발송한다. 신규고객은 지나가다가 내용을 인지하고 들어올 수 있도록 감각적으로 어떻게 알릴지 고민한다.

　특별한 날은 전문 이벤트 요원을 투입해 청각적으로 시끌벅적한 효과를 내는 것도 좋다. 풍선 아치나 만국기 등 시각적으로 눈에 띄는 장식을 하는 것도 좋다.

오감을 활용한 흥미와 관심 끌기

　판매 아이템에 따라 오감五感을 충분히 활용해야 한다. 매장 입구를 잘 활용하면 입점고객 유치가 쉽다. 바디body 제품 매장들은 매장 앞에서 향이 좋은 제품에 거품을 내서 고객의 후각을 자극한다. 베이커리 매장들은 빵을 굽고 고소한 냄새를 풍겨 사람들의 식욕을 자극한다.

　하지만 대부분의 매장은 시각적 효과를 활용해야 한다. 어떻게 보여주고, 눈길을 끌 것인지가 중요하다. 그래서 주로 상품이나 이벤트 내용을 잘 인지할 수 있도록 컬러를 강렬하게 활용해 시선을 끌기도 한다.

　상권이나 매장 특성에 따라 홍보도우미 업체를 활용하는 때도 있다. 눈에 띄고, 시끌벅적하기 때문에 우리 매장으로 시선을 집중시키는 효과가 있다. 우리 매장 분위기에 맞는 도우미를 잘 선정해야 한다. 매장 입구 앞에서 이벤트를 진행하면 누구나 쉽게 인지할 수 있어서 고객이 바로 매장에 들어올 수 있다.

잘나가는 매장의 탄생

매출 숫자 마음대로 바꾸는 방법 ②
: 판매 성공률 높이기

어떻게 우리 매장에서 사게 할 것인가? 매장에 들어온 고객은 모두 잠재고객이다. 구매고객은 따로 정해지지 않았다. 매장 실력에 따라 계획 없이 구매하기도 한다. 사려고 왔다가 안 사고 그냥 나가기도 한다. 살 고객, 안 살 고객 구분하는 것은 섣부르다. 고객은 늘 구매 의사가 있다. 모두 정성스럽게 응대해야 하고, 다음과 같은 실력도 갖춰야 한다.

상품 추천 실력

'고객은 골라주는 대로 산다.'

고객에 맞춰 어떤 상품을 추천하냐가 중요하다. 성급히 이것저것 추천하는 것은 금물이다.

- 고객이 어떤 목적으로 구매하기를 원하는가?
- 실제 제품을 사용할 사람(실고객)은 누구인가?
- 구매고객 또는 실고객이 중요하게 생각하는 구매 포인트는 무엇인가?

고객이 매장을 둘러보고 있다면 섣부르게 상품을 추천하지 않는 것이 좋다. 먼저 고객의 관심이 머무는 지점을 눈여겨봐야 한다. 짐작하지 말고, 효과적인 질문을 통해 고객 의중을 파악하라. 고객이 많이 말하게 하면 그 안에 답이 있다.

고객이 말한 것을 바탕으로 상품을 추천해야 한다. 한 번에 다 하지 말고, 차례로 하나씩만 제안하라. 고객의 반응에 따라 차례로 추천 상품과 추천 이유를 제시하면서 고객의 선택을 유도하는 것이 좋다.

상품 설명 실력

고객은 직원 A가 팔면 사고, 직원 B가 팔면 안 산다. 판매 실력의 핵심은 '파는 사람의 호감도 + 상품의 이익화 설명'을 통한 가치 부여다. 상품지식을 가진 것도 중요하지만, 이것을 얼마나 잘 표현할 수 있느냐가 중요하다.

상품 설명을 할 때는 논리가 있어야 한다. 왜 이 상품을 사야 하는지, 이 상품을 구매했을 때 고객에게 어떤 이익이 있을지 설득할 수 있어야 한다. 그러려면 각 상품의 특장점을 정확히 알아야 한다. 사전에 상품 공부가 돼야 한다는 얘기다. 미리 직접 사용해보고 상품의 특장점과 디테일을 알아야 자신 있게 상품을 어필할 수 있다.

같은 상품에 대해서 자유자재로 설명할 수 있어야 한다. 각 고객에 따라 취향과 바람이 다르다. 그래서 같은 상품에 대해서도 고객 이익 포인트나 설명방법이 다를 수 있다. 사전에 모두 모여 여러 시나리오를 연습해두는 것이 중요하다.

여러 고객을 설정해놓고 각각 어떻게 설명할지 고민해야 한다. 그리고 고객과 직원으로 역할을 나눠 실전처럼 연습을 해봐야 한다. 알고 있는 것과 입 밖으로 표현할 수 있는 것은 다르다. 사전에 충분히 체득되면 실전에서 자연스럽고 유창하게 설명할 수 있다.

상품의 특장점은 내 앞에 있는 고객이 얻게 될 구체적인 이익으로 설명해야 한다. 상품 구매 후의 만족감을 생생하게 떠오르게 하는 것이 중요하다.

클로징 실력

구매를 확정 짓는 클로징이 중요하다. 클로징이 안 되면 아무리 상품 설명을 잘해도 말짱 도루묵이다. 고객이 '다른 데 보고 올게요', '좀 더 생각해볼게요' 하는 순간 판매는 종료된다. 클로징의 핵심은 고객이 주도적으로 최종 선택을 하며 마무리 짓게 하는 것이다.

우유부단해서 결정을 못 하는 고객은 최종 선택을 살짝 도와주면 된다. 가격 저항이 있는 고객은 가격 대비 상품이 줄 이익과 구매 후 긍정적인 이미지를 묘사해 가격에서부터 상품의 이익으로 생각의 프레임을 바꿔주면 된다.

고객이 결정 못 하고 망설이는 이유를 빨리 파악하는 것이 중요하다. 고객 성향이 문제라면 선택 과정을 신속하게 도와주고, 뭔가 망설여지는 지점이 있다면 해결해주면서 구매 확신을 주면 된다.

Plus-Tip. 반드시 판매로 이어지는 클로징 비법

- 고객이 결정하지 못하고 있는 이유를 찾아라.
- 각 상황에 따른 해결책을 제시하라.
- 확정 짓고 고객을 홀가분하게 하라.

판매를 마무리하려는데, 고객의 구매 결정이 안 될 때가 있다. 이럴 때는 다음의 순서대로 고객을 도와주며 클로징을 한다.

1. 고객이 결정하지 못하는 이유를 찾는다

고객이 골라놓은 상품의 구매 여부를 결정하지 못할 때는 이유가 있다. 다 마음에 들어서 하나를 선택하지 못할 수 있다. 결정한 상품 일부분이 만족스럽지 못해서 그럴 수 있다.

2. 각 상황에 맞는 해결책을 제시한다

여러 상품이 다 마음에 들어서 선택하지 못한다면 두세 가지 정도로 최종 선택지를 줄여주면 된다. 그리고 고객이 직접 고를 수 있게 하는 것이 좋다. 2가지 중 양자택일을 하는 게 좋지만 3가지 정도까지는 괜찮다. 선택을 힘들어하는 고객도 최종 선택은 직접 하게 하는 것이 좋다. 그래야 본인 결정에 따른 책임감을 느끼게 된다.

상품 일부분이 만족스럽지 못해 고객이 망설일 수 있다. 어떤 부분이 고객 마음에 걸리는지 빨리 파악해야 한다. 고객이 직접 언급하지 못하고, 구매를 못 할 수 있기 때문이다. 부분 수선 등을 해서 고객이 원하는 부분을 고쳐주거나 대안 상품을 제안

잘나가는 매장의 탄생

하는 등 망설이는 부분을 적극적으로 해결해주면 된다.

3. 확정 짓고 홀가분하게 한다

고객의 최종 선택에 대한 안목을 칭찬하라. 잘 샀다는 확신을 줘야 한다. 고객이 고른 상품이 어떤 부분에서 좋았는지 다시 한번 인지시킨다. 그리고 연결해 고객의 안목까지 칭찬하면 좋다. 다른 사람들도 많이 선택했다는 사회적 증거를 제시하면 한결 고객 마음이 안심된다.

Plus-Tip

매출 숫자 마음대로 바꾸는 방법 ③
: 회단가 높이기

어떻게 고객이 많이 사게 할 것인가?

'한 번에 많이 사게 하기' 기술로 '업-셀링Up-Selling', '크로스-셀링Cross-Selling'이 있다. 고객이 고른 상품보다 더 비싼 상품을 사게 하는 게 업-셀링이다. 구매 결정을 한 상품과 함께 사용하거나 코디할 수 있는 상품을 더해서 파는 게 크로스-셀링이다. 두 가지 다 적절히 활용하면 좋다. 이와 함께 회단가를 높이기 위한 다른 스킬들을 소개한다.

상품 패키징 실력으로 다 갖고 싶게 만든다

고객이 좋아할 만한 상품을 패키지로 만들어 보여준다. 기존 세트 판매와 유사한 개념이나 접근방법은 다르다. 고객 관심 상품을 중심으로 처음부터 패키지를 만들어 보여주는 것이다. 고객이 일단 구매 결정한 후에 추가로 '이런 것을 같이 사시면 어떨까요?' 하는 코디 판매와는 다른 접근법이다.

처음부터 패키지로 만들어 보여주는 것은 두 가지 이득이 있다. 고객 관심 상품만 판매가 되더라도 다른 상품들이 구매 상품을 더 돋보이게 해준다. 고객의 구매 결정에 더 확신을 줄 수 있다. 그리고 하나만 구매하려던 고객이 자연스럽게 '패키지 전체를 사는 건 어떨까' 하는 마음도 들게 할 수 있다. 전체 패키지를 팔 기회가 생긴다.

고객이 관심을 두는 바지가 있다. 직원 A는 그 바지만 보여주고 설명한다. 직원 B는 그 바지에 어울리는 티셔츠, 아우터까지 아예 패키지로 만들어 그 바지가 얼마나 다양하게 활용될 수 있는지 한눈에 보여준다.

결국, 고객이 바지만 구매하더라도 패키지는 그 상품의 가치를 올린다. 그 패키지가 아주 마음에 들었다면 이왕 사는 거 전체 세트로 사볼까 하는 생각이 들게 한다. 전체를 팔기 위한 목표를 가지고 패키지를 잘 구성해야 한다. 하지만 응대 과정에서는 고객이 부담을 가지지 않도록 해야 한다.

상품을 패키징 하려면 상품을 잘 알아야 한다. 미리 많이 고민해봐야 한다. 내 앞에 있는 고객에 맞게 패키지를 만들어야 한다. 같은 상품을 가지고 어떤 패키지를 만드느냐에 따라 각각 다르게 팔 수 있다. 고객의 구매력, 취향, 선호 스타일에 따라 다양한 패키지가 나올 수 있다.

사전준비와 판매 연습을 통해 패키지를 고객에게 적중시키는 실력이 있다면 회단가를 충분히 올릴 수 있다.

패키지로 고객의 구매 의사를 타진할 때는 '문 안에 한 발 들여놓기 전략'을 사용하는 것이 좋다. 하나부터 부담 없이 구매를 확정 짓는다. 그리고 차례로 패키지 상품 하나하나 추가구매 필요성을 제기하는 것이다. 같이 사고 싶은 마음이 들게 고객 필요를 스며들 듯 자극하라.

'이건 더 필요하지 않으세요?'라고 묻지 말고 '이런 것은 기본적으로 가지고 계시죠?', '이렇게 가지고 계시면 이런 점이 좋습니다'라고 설명하라. 최종 사고 안 사고는 고객의 몫이다. 고객에게 사고 싶은 마음을 충만하게 하는 것이 우리의 실력이다.

기본물은 늘 덧붙여 판다

당장 필요가 없더라도 늘 사용하는 상품이 있다. 고객 본인이 사용하거나 가족 중 누군가가 사용하면 되는 소모품인 경우가 많다.

의류라면 기본 티셔츠나 양말, 속옷, 기본 카디건 등이다. 세제나 치약처럼 언제든 수시로 사용하는 것 또한 미리 구매해도 상관이 없는 기본물이다. 기본 상품을 잘 활용하면 고객을 입점시킬 거리가 된다. 다른 상품에 덧붙여 팔아서 회단가를 높일 수도 있다.

아쉬움이 남는 경계선을 설정한다

프로모션이나 고객 혜택을 제안할 때도 전략적이어야 한다. 조금만 더 구매하면 받을 수 있는 혜택 기준을 아슬아슬하게 설정하는 것이 좋다.

우리 매장의 평균 회단가가 7~8만 원 정도라면, 10만 원 이상 구매 시 추가할인이나 특별한 사은품을 증정하는 것이 좋다. 추가 구매금액이 기본물

하나 정도를 더 사면 되는 금액이거나 평균 회단가의 20~30% 정도면 적당하다.

입점 고객 유치를 위해 나누어 주는 프로모션용 상품교환권이나 할인권의 표기 금액 설정 역시 전략이 있어야 한다. 우리 매장에서 파는 상품의 평균 단가 10~20% 금액은 돼야 신규고객의 입점 가능성이 있다. 확실한 고객 구매를 유도한다면 30% 이상의 할인율은 적용돼야 지금, 이 프로모션을 활용해 꼭 구매해야겠다는 생각이 든다.

매장 부담으로 이런 할인행사를 상시 진행하는 것은 어렵다. 정상가로 구매하는 고객들이 불쾌할 수도 있다. 꼭 필요한 순간이 아니라면 남발하지 않는 것이 좋다. 기존 고객이라면 10% 정도의 할인권이나 상품교환권 정도로 재구매를 촉진하거나 입점을 유도하는 정도가 적당하다.

예시)

평균 회단가 10만 원인 신발 매장 ➜ 1만 원 정도의 혜택

평균 회단가 30만 원인 의류 매장 ➜ 5만 원 정도의 혜택

평균 회단가 3만 원인 식음료 매장 ➜ 5,000원 정도의 혜택

매출 숫자 마음대로 바꾸는 방법 ④
: 인당 구매 횟수 늘리기

어떻게 한 번 더 구매하게 할 것인가?

매장에 가야 할 이유 만들기 1 : 늘 변화가 있는 매장 만들기

구매 횟수를 늘리는 일은 기본적으로 '입점고객 늘리기'와 관련 있다. 앞서 살펴본 입점고객 수 늘리는 법을 다시 참고하자.

- 매주 신상품이나 전략상품을 고객에게 적극적으로 알린다.
- 매주 고객에게 이익이 되는 새로운 프로모션을 만들어 활용한다.
- 매주 고객이 매장을 찾아올 만한 재미있는 이벤트를 만든다.
- 오감을 활용해 흥미와 관심을 끈다.

기본적으로 전략상품, 프로모션, 이벤트를 만들어 매장에 계속 변화를 줘야 한다. 고객은 매장에 새로운 콘텐츠가 있어야 또 찾아온다. 매일 똑같은 상품이 있는 매장에 갈 이유가 없기 때문이다. 특히 상품을 활용한 내용은 VMVisual Management과 연결돼 있으므로 시각적으로 매장 분위기를 새롭게 하는 효과가 아주 크다.

매장에 가야 할 이유 만들기 2 : 고객에게 특별한 매장 되기

기존고객과 신규고객의 차이는 뭘까? 기존고객은 우리 매장에서 이미

'관계를 시작한 사람'이다. 고객에 대해 알고 있는 정보가 있고 이 정보를 활용할 수 있다는 의미다.

남성 정장 브랜드 매장을 운영할 때였다. 비가 오는 날이었는데 매장에 앉아 하염없이 고객을 기다렸지만, 입점고객이 거의 없었다. 컴퓨터 POS Point Of Sales, 판매시점정보관리시스템 화면에서 등록된 기존고객 리스트를 보다가 문득 한 고객이 떠올랐다.

기억나는 고객들에게 문득 안부를 전하고픈 생각이 들었다. 고객들이 최근 언제 왔다 갔는지, 어떤 상품을 구매했는지 확인했다. 그날 고객의 표정과 대화를 떠올려보기도 했다. 옷을 구매한 목적이 뚜렷했던 고객들은 목적대로 잘 입으셨나 궁금한 마음도 생겼다.

제일 먼저 그날처럼 비가 오는 날 입으면 좋을 만한 상품을 구매한 고객들을 추려, 문자메시지를 보냈다. '오늘처럼 비가 오는 날엔 구매한 ○○상품을 이렇게 코디해보세요'라는 내용이었다. 물론 고객이 구매한 상품마다 구체적인 내용은 달랐다.

지난번에 왔을 때 목이 아팠던 고객은 감기가 다 나았는지 안부를 전했다. 늘 차를 가지고 오는 고객에게는 빗길에 운전 조심하라는 메시지를 보냈다. 가고 싶던 기업에 입사해서 생애 첫 출근 정장을 사러 왔던 고객에게는 회사에 잘 적응하고 있는지 근황을 물었다. 소개팅이 있다고 옷을 구매했던 고객에게는 좋은 그녀가 생겼는지 안부를 물었다.

그때는 '고객관리' 활동으로 한 일도 아니었고, CRM Customer Relationship Management, 고객관계관리 의 개념조차 모를 때였다. 하지만 고객들의 반응은 뜨거웠다. 다음 날부터 문자를 받았던 고객들이 일부러 시간을 내어 매장에 들렀다. 음료수와 빵을 사 온 고객도 있었다. 평소엔 늘 무표정했던 고객이 환하게 웃으며 출입문을 열기도 했다. 찾아온 점한 고객이 많았으니, 그 주의 매출도 평소보다 많이 올랐다. 이후 그 고객들과의 관계도 더 견고해졌다. 아직도 그날을 잊을 수가 없다.

잘나가는 매장이 되기 위해서는 고객에게 특별한 매장이 돼야 한다. 다른 매장이 일일이 하지 않는 것들까지 챙기는 세심함이 있어야 한다. 늘 찾아가도 편안한 곳, 나를 알아보고 반갑게 맞아주는 곳이 돼야 한다. 그러면 고객은 일부러 그 매장을 찾아가고 싶어진다.

깊은 관계를 지속해서 나누며 고객이 자주 찾고 싶은 매장이 되자. 굳이 말하지 않아도 고객이 좋아하는 것과 싫어하는 것을 잘 알아주자. 눈빛만 봐도 필요를 채워줄 수 있는 매장이 된다면 고객이 굳이 다른 매장에 갈 이유가 있을까?

잘나가는 매장은 단골이 많다. '고정고객화'가 잘돼있다. 이런 고객들이 습관처럼 자주 매장에 들른다. 객단가가 높아서 고객가치가 높다. 그 매장의 팬이 많다. 팬 단계까지 이른 고객은 늘 우리 매장의 안정적인 매출을 만들어준다. 본인뿐만 아니라 주변 사람들에게도 우리 매장을 적극적으로 소개하고 추천한다.

우리 매장의 강점으로 고객에게 특별한 매장이 될 방법을 고민하라. 자주 오는 고객에게는 특별한 혜택으로 우리 매장을 벗어나지 못하게 하라. 좋은 사은품이 나오면 제일 먼저 챙겨주고, 다른 고객들과는 차별화된 이익을 주라. 결코, 우리 매장을 쉽게 떠나지 못할 것이다.

C브랜드 B매장은 주변 매장들과 완전히 차별화된 방법으로 성공했다. B매장은 주변 매장들이 이월^{전년도} 상품을 매장 밖에 잔뜩 진열해놓고 판매에 집중하는 환경 속에 있다. 하지만 B매장 앞은 늘 깨끗하다. 다른 매장들 사이에서 외관부터 눈에 띈다. 하지만 그래서인지 유동고객 중 우연히 이 매장에 들어오는 고객은 많지 않다.

매장에 드나드는 고객 수가 다른 매장보다 현저히 적다. 하지만 브랜드 내에서 늘 상위권의 안정적인 매출을 유지하고 있다. B매장은 동일 브랜드 동급 매장들보다 구매고객 수가 많지 않다. 오히려 적은 편이지만 회단가와 객단가가 월등히 높다.

고객들의 인당 구매 횟수가 높다. 충성도가 높은 일정한 수의 고객이 많이 사고, 자주 사서 매출이 높다. 이 매장의 전략은 '제대로 된 고객만 확실하게 관리하기'다. 매장에서 주력하는 영업활동, 고객관리 활동이 이런 매장전략을 대변한다. 단골을 집중적으로 관리하는 영업전략이다. 모든 매장 활동이 이 전략에 맞춰져 있다.

여름이면 유기농 오이를 상자째 갖다 놓고 단골들이 원하는 만큼 집어가게 한다. 주부들에게 인기가 만점이다. 해외로 골프투어를 나가는 고객들에게는 전국 유명 맛집의 고추 양념장을 주문해 챙겨준다. 이 양념장을 받으러 고객들이 골프투어 전 꼭 매장을 찾는다. 그러면서 구매도 한다.

찬바람이 부는 11월 즈음엔 수제로 담근 생강청을 선물로 준다. 그뿐만 아니라 브랜드 본사에서 나오는 각종 사은품과 매장에서 특별하게 준비한 선물을 시기적절하게 고객에게 선물한다. 직접 매장에 들러서 받아갈 수 있게 한다.

S브랜드 D매장도 고객관리 잘하기로 유명하다. 매일 아침 D매장 출입문 앞에는 생일케이크 상자가 2개씩 놓여 있다. 매월이 아닌 매일이다. D매장은 연 매출이 20억 원 정도 된다.

이 매장의 경영인은 우수고객 중 생일을 맞은 고객을 매일 2명씩 선정한다. 그리고 매일 직접 집으로 케이크 배달을 한다. 고객들의 기념일을 진심으로 챙겨준다. 1년에 한 번이지만 고객은 이 매장의 정성 어린 축하를 받는다. 이는 매장과 고객이 끈끈한 관계를 이어가는 중요한 끈이 된다.

Plus-Tip. 고객 지갑을 여는 비결, 질문

질문에는 위대한 힘이 있다. 고객의 지갑을 여는 힘이다. 열심히 설득하는 것보다 때로는 한마디 질문에 더 큰 힘이 있다. 질문은 내적 통찰과 생각의 발견을 하게 한다. 질문을 받으면 그 순간 사람의 의식은 질문에 답을 찾는 것으로 집중되는 경향성을 갖는다.

매장에 들어온 고객에게 어떤 질문을 하냐가 중요하다. 어떻게 질문하냐가 중요하다. 질문은 고객이 마음속에 가지고 있는 생각을 알 수 있게 한다. 고객은 답하며 자기 생각을 발견하게 된다. 질문을 잘하면, 고객이 잘 산다.

1. 술술 말하기 쉽게 질문하라

고객의 상황과 마음을 자세히 알고 싶다면 열린개방형 질문을 하라. 고객이 본인의 내면을 관찰하고, 자기 생각을 탐색해 말하게 된다. 열린 질문은 '네/아니오'로 간단히 대답할 수 있는 닫힌 질문과 달리 고객의 생각을 탐색하기 좋다. 실고객이 누구이며 어떤 취향인지 묻거나, 구매를 통해 얻고 싶은 고객의 잠재 니즈를 물어볼 때는 열린 질문을 활용하면 된다.

단답형으로 답하게 하는 질문을 하면, 고객의 생각을 제대로 알 수 없다. 고객의 대답이 짧을수록 파악할 수 있는 것이 적다. 고객의 상황을 잘 알 수 없다. 그래서 상품을 추천할 수 있는 폭도 좁아진다.

고객이 여러 형태로 자유롭게 대답할 수 있는 질문을 하면 고객의 상황과 생각을 자세히 알 수 있다. 그래서 응대의 폭이 커진다. 이는 곧 판매 가능성이 커짐을 의미한다.

- 닫힌 질문의 예

  <u>어머님께서 입으실 건가요?</u>

  〉〉 예상되는 답변 : 네 / 아니오

- 열린 질문의 예

  <u>입으실 분의 체형이나 취향이 어떻게 되나요?</u>

  〉〉 예상되는 답변 : 저희 어머님이 입으실 건데, 키는 165cm 정도 되고, 얼굴은 하얀 편이세요. 평소 여성스러운 스타일을 즐겨 입으세요.

2. 고객이 대답을 어려워하면 선택형 질문을 하라

자유롭게 답할 수 있는 질문을 할 때 오히려 어려워하는 고객이 있다. 고객 자신도 생각나지 않거나, 잘 모를 때다. 본인 스스로 결정을 잘 못 하는 성향일 때도 그렇다. 이럴 때는 고객이 보기 중 선택할 수 있는 선택형 질문이 좋다.

- 선택형 질문의 예

  직원 : 고객님, 혹시 도와드릴 게 있을까요?

  고객 : 팀장님 생일선물을 하나 사고 싶은데요.

  직원 : 혹시 미리 생각하고 오신 부분이 있나요?

  고객 : 아니요, 그런 부분은 없습니다.

  직원 : <u>보통 선물하실 때는 예산이 있어서 거기 맞춰 추천해드려요. 10만 원 미</u>

만은 티셔츠나 카디건 종류를 많이 하시고, 20만 원 이상 생각하시면 재킷, 점퍼 같은 겉옷이나 바지와 티셔츠 세트로 많이 하시더라고요. 어떤 것으로 보여드릴까요?

고객 : 네, 10만 원 미만으로 보여주세요!

3. 단답형 질문이 때로는 명쾌하다

'네/아니오'로 대답하게 되는 단답형 질문은 고객 응대 중 하지 말아야 한다고 생각하는 경우가 많다. 하지만 응대에 적절히 활용하면 고객의 명확한 의사 확인을 할 수 있어 효율적이다.

단답형 질문을 할 때, 긍정적인 질문보다 부정적인 질문으로 묻는 것이 고객이 답하기 쉽다. 선뜻 '좋다'라고 대답하는 것은 명확한 확신 없이는 힘들지만, 부정 대답은 그것보다 쉽기 때문이다.

• 단답형 질문의 예

고객이 계속 블랙 컬러의 상품만 보고 있다면 다음과 같이 응대하라.

직원 : 블랙 컬러를 좋아하시나 봐요?(질문과 함께 가까이 갈 수 있다)

고객 : 아니 꼭 그런 건 아닌데……

직원 : 밝은 색을 찾으시는 건 아니시죠?

고객 : 네 → 어두운 색을 추천

　　　　아니오 → 밝은 색도 상관없이 추천

잘나가는 매장은 3가지 기본 시스템이 있다. '목표를 체계적으로 관리하고 공유하는 시스템, 우리 매장에 맞는 직원을 잘 뽑고 성장시키는 시스템, 처음 온 고객에게 안심감을 주고 거래 관계를 지속하게 하는 시스템'이 있다. 잘나가는 매장이 되려면 이 3가지 시스템을 갖춰야 한다.

PART 2

잘나가는 매장의 기본 시스템 3

성공하는 매장은 사람이 만든다. 매장을 구성하는 사람이 제일 중요하다. 매장의 비전을 세우고 경영을 하는 것은 매장경영인, 실제 움직이고 역량을 발휘하는 것은 직원이다.

어떤 직원을 뽑고, 관리하고, 역량을 최대한 끌어내게 할 것인가? 직원들이 경영인과 같은 방향을 바라보고, 얼마나 조직에 공헌하게 할 수 있는가? 이것이 매장 성공의 관건이다.

매장경영인은 직원 장악력이 있어야 한다

장악력이란 표현에 다소 거부감이 있을 수 있다. 하지만 가장 적확한 표현이다. 간혹 경영인의 열정과 노력만큼 성과가 따라오지 못하는 매장이 있다. 이런 매장은 대부분 적절치 않은 직원들이 문제다. 경영인이 그런 직원들을 제대로 제어하지 못하고 있는 게 문제다.

직원들이 근무시간을 제대로 지키지 않는다. 근무 중에 계속 휴대전화를 붙들고 있다. 당연히 고객들을 제대로 응대하지 못한다. 본인에게 부여된 업무를 명확히 인지하지 못한다. 제대로 완수하지 못한다. 본인이 무엇을 해야 하는지 모른다. 무엇을 잘못하고 있는지 모른다.

매장경영인이 직원들의 눈치를 보거나 제어하지 못하는 경우가 많다. 직원을 내 뜻대로 움직이지 못한다. 그러면 결국 경영인 뜻대로 매장을 경영할 수 없다. '직원들에게 잘해주면 일은 알아서 해주겠지' 하는 건 오산이다. 직원들이 경영인의 마음과 같을 수는 없다.

직원들은 기본적으로 지시받는 것을 싫어한다. 늘 본인이 기본은 하고 있다고 생각한다. 항상 관리자나 경영인이 필요 이상의 업무를 시킨다고 생각한다. 현실을 모른 채 늘 이상적인 것을 말하고, 많은 것을 바란다고 생각한다. 이것은 직원의 본능이다.

잘나가는 매장의 경영인은 직원 장악력이 있다. 강압적인 것이 아니라 직원들을 내 사업의 방향대로 움직이게 할 수 있다는 뜻이다. 내 사업과 맞지 않는 직원이라면, 경영인의 뜻을 따르지 못할 직원이라면 판매를 잘해도 과감히 정리해야 한다. 이런 직원을 그대로 두면 매장 분위기가 엉망이 된다. 모르는 사이에 고객이 서서히 떨어져 나간다.

우리 매장은 직원 채용하기가 너무 힘든가? 그래서 불량직원도 아쉬운가? 인력 구하기가 힘든 지방일 수도 있고, 여러 현실적인 문제가 있을 수 있다. 하지만 머뭇거리다가 매장 문을 닫아야 하는 상황이 생긴다. 제대로 된 직원을 뽑고, 제대로 업무하게 하는 것은 온전히 경영인의 역량이다.

목표관리 시스템

매장의 비전과 주요 목표를 실시간 공유하라

　사람들은 돈을 벌기 위해 일을 한다. 보수를 받고 하는 일은 대부분 그렇다. 하지만 직원들이 돈 때문에 꼭 '우리 매장'에서 일을 하진 않는다. 일을 잘하는 직원일수록 일할 곳이 많다. 마음에 드는 실력 있는 직원을 구하기 힘든 이유다. 우리 매장의 비전과 목표가 명확하면 이에 맞는 직원들이 더 즐겁게 잘 움직일 수 있다.

　직원들에게 우리 매장의 비전과 목표가 명확하게 공유돼 있는가? 그것에 동의하는 직원들이 모여야 한다. 같은 목표점을 바라봐야 제대로 나아갈 수 있다. 매장의 비전과 직원 개인의 비전이 맞닿으면 직원들은 더 즐겁게 일을 잘할 수 있다. 업무 하나하나에 의미부여가 된다. 한 가지 일도 무심코 하지 않게 되고, 정성을 들이게 된다.

- 우리 매장의 가치는 무엇인가?
- 우리 매장은 어떤 모습으로 고객에게 기억되길 원하는가?
- 우리는 우리 매장을 통해 어떤 것을 이루고 어떤 삶을 살길 원하는가?

이 질문에 대한 답이 우리 매장의 비전과 목표다. 경영인 스스로가 먼저 매장경영이 가지는 의미와 가치를 정리해야 한다. 내 삶의 가치를 나의 매장경영에 접목하라. 매장경영의 목표가 명확하면 지금 우리가 어디쯤 와있는지 알 수 있다. 앞으로 얼마나 더 가야 할지 알 수 있다. 우리 매장의 비전과 장단기적인 목표를 명확히 하고, 직원들에게 공유해야 한다.

- 우리 직원들은 우리 매장의 비전과 목표를 아는가?
- 올해 우리 매장의 정성적, 정량적 목표를 아는가?
- 이번 달 우리 매장의 매출 목표와 이를 달성하기 위한 각자의 역할을 아는가?
- 이번 주, 오늘 나의 매출 목표를 정확히 알고 달성하고자 노력하는가?

목표는 사람들에게 동기動氣를 준다. 매장 직원 모두가 한 방향으로 움직일 수 있게 한다. 목표관리를 위해서는 매일 업무 미팅을 꼭 해야 한다. 사람의 뇌는 매일 목표를 상기하지 않으면 금방 흐릿해진다. 목표를 기준으로 성과를 달성한 부분과 달성하지 못한 부분을 직원 모두가 알아야 한다. 더 나은 방향으로 가려는 방법을 함께 의논하고 분담해야 한다.

업무 미팅을 통해 매장의 연간, 월간, 주간 목표를 공유하라. 일일 목표를 설정하라. 직원들이 스스로 개인 목표를 설정하게 하는 것이 좋다. 목표 설정이 되면 모두가 책임감을 느끼고 열심히 움직이게 된다. 매일 직원들과 같이 서로의 목표 달성을 체크하고 격려하라. 잘한 것을 칭찬하고 미숙한 것은 정확하게 지도해야 한다. 목표관리를 하면 직원들이 제대로 일하기 시작한다. 목적의식과 책임감이 생기기 시작한다.

02

직원관리 시스템

어떻게 좋은 직원을 뽑을 것인가?

　매장 오픈 날인데 직원을 못 구했다. 어느 날 직원이 갑자기 그만둔다. 다른 직원들의 업무가 가중되고 업무 공백이 생기는 것 같다. 급히 그 자리를 채워야겠다는 생각이 든다. 면접을 봐도 적합한 사람이 없다.

　어떻게 할 것인가? 많은 매장경영인의 고민이다.

　원래 100% 마음에 드는 직원은 없다. 일단 채용했다가 다시 교체해야겠다고 생각한다. 내가 잘 가르쳐 보자고도 생각한다. 급하니까 대충 자리를 메워줄 직원을 채용한다. 예상했던 대로 그 직원은 적절치 않다고 판단한다. 하지만 어쩌지 하면서 시간을 보낸다. 사람에 관한 결정은 늘 쉽지 않기 때문이다.

해당 직원의 거취를 고민하는 사이 많은 고객이 그 직원을 경험하게 된다. 그것은 곧 우리 매장의 고객 경험이 된다. 어떤 고객은 그러려니 할지 모르지만 어떤 고객은 실망하고 떠날지도 모른다. 그동안 애써 만들어 놓은 우리 매장의 경험 가치가 그 직원 하나로 망가질지 모른다.

우리 매장의 명확한 채용 기준이 있어야 한다. 아무리 급해도 그 기준에 최소한의 조건은 충족되는 사람이어야 한다. 고객을 마주하고 응대해야 하는 매장에서 직원을 뽑을 때 충족해야 할 직원의 조건은 다음과 같다.

표정이 편안한 사람을 뽑아라

직원이 곧 매장이다. 매장 서비스는 사람을 대하는 일이다. 채용 기준을 잡기 어렵다면 우선 표정이 편안한 사람을 뽑아라. 잘 웃는 호감형이 좋다. 기본적으로 사람 대하는 것을 어려워하지 않아야 한다. 처음 보는 사람과 대화하는 것을 편하게 생각하는 사람이어야 한다. 우리의 매장 서비스는 표정과 대화로 전달된다. 그게 어색하고 어려운 직원이 있다면 고객도 우리 매장이 편하지 않다.

배울 자세가 된 사람을 뽑아라

누구나 똑똑하고 빠릿빠릿한 직원을 원한다. 기본적인 서비스 기술과 판매력이 좋은 직원을 원한다. 하지만 그런 직원을 찾기 어렵다. 앞의 첫 번째 조건은 필수조건이다. 첫 번째 조건이 충족된다면, 조금 부족하더라도 배울 자세가 돼있는 직원을 뽑아야 한다. 경영인이 가고자 하는 목표와 매장 철학을 공감하고 잘 따를 수 있는 직원이어야 한다. 응대 스킬은 지속적인 배움을 통해 만들 수 있다. 하지만 배우려 하지 않고, 본인만의 방식을 고집하는 직원은 애초에 뽑지 말아야 한다.

팀플레이가 가능한 사람을 뽑아라

매장 업무는 수시로 유기적인 팀플레이가 필요하다. 여러 고객이 동시에 들어오거나 한 고객을 동시에 도와야 할 상황이 생긴다. 함께 힘을 합쳐야 하는 순간이 많다. 동료의 의견을 존중하고 리더의 지시를 잘 따를 수 있어야 한다. 동료에게 기꺼이 도움을 줄 수 있어야 한다. 내가 먼저 솔선수범할 수 있어야 한다. 혼자 잘난 직원은 나중에 매장의 독이 된다.

우리 매장의 직원 채용 기준을 나열해보자. 우리 매장의 가치나 철학과 들어맞아야 한다. 내가 원하는 조건을 다 충족하면 좋지만 그런 직원은 구하기 어렵다. 채용 기준의 우선순위를 정하고 마지노선도 정하라. 우선순위와 마지노선에 따라 시간이 걸리더라도 최소한의 조건은 맞는 직원을 채용해야 한다.

Plus-Tip. 유나이티드 애로우스의 채용 기준

일본의 유명한 패션 유통점인 유나이티드 애로우스UNITED ARROWS는 다음의 기준유나이티드 애로우스 인사교육담당자 직접인터뷰 발췌으로 직원을 뽑는다.

채용 기준

직원 채용 시 'CSCustomer Service, 고객 서비스를 할 수 있는 기본적인 역량을 갖추었는가?' 하는 부분을 필수로 본다. 많은 브랜드에서 경력과 판매력 위주로 직원을 뽑지만 '서비스를 할 수 있는 마인드와 자세'를 제대로 갖춘 인력을 우선순위로 뽑는 것이 중요하다.

신입사원을 뽑을 때 제일 중요한 것은 접객을 잘하느냐가 아니라 고객의 마음을 즐겁게 해줄 수 있느냐가 기준이다. 손님을 대상으로 하는 서비스 매너나 스킬은 훈련으로 가능하다. 그러나 마음, 열정은 훈련으로 불가능하다. 예를 들면 '60세까지 판매할 사람본사에서 60세까지 커리어 플랜을 짜줌, 나만의 팬을 잘 만드는 사람'을 뽑는다.

직원 서비스 업무의 기준

- 손님의 시점에서 생각하고 판단하라. 평가는 손님이 하는 것이다.
- 매장은 손님을 위해 있다는 게 우리의 룰이다.
- 우리가 무엇보다 중요시하는 것은 '행동으로 표현하는 것' 이것이 기본 원칙이다.
- 우리가 손님이라고 하면, 어떻게 생각하고 행동하겠는가를 늘 생각하라.
- 손님이 어떻게 느끼겠느냐 하는 시점에서 생각, 판단, 행동해야 한다. 이것이

우리 매장 영업의 기본 원칙이자 본질이다.

- 손님에게 감정이입을 해서 손님과 자신이 같은 사람으로 일치되도록 하는 느낌으로 응대해야 한다.
- 손님이 느낄 때, 본인판매직원 생각처럼 느낄 수 있도록 대화해야 한다.
- 타바야루 룰이라는 것이 있는데, 손님의 시점에서 판단, 생각, 행동하라는 것이다. 전 직원이 힘을 합쳐서 그래야 한다. 이것이 유나이티드 애로우스의 룰이다. 화살을 합친 것처럼 하라!

조직도를 그리고, 매장 업무를 명확히 규정하라

　많은 경영인이 우리 매장도 조직화되기를 원한다. 하지만 막상 조직도를 만들어야 한다고 하면 필요 없다고 한다. '우리는 너무 작은 조직이라 머릿속에 다 있고 필요 없어요'라고 한다. 하지만 조직도 한 장에 사업의 성패가 갈릴 수도 있다.

　매장 직원 수가 많든 적든 공식적인 조직도가 있어야 한다. 매장 업무의 종류는 세분화하면 수없이 많다. 매장 업무는 위계질서가 있어야 잘 진행된다. 조직도는 업무지시와 수행의 질서를 잡아준다. 조직이 나아가야 할 방향과 전략을 정하고 이와 유기적으로 움직일 수 있는 조직, 그것이 명시된 조직도를 그려야 한다.

　조직도와 더불어 업무를 잘했을 때 받을 수 있는 보상과 승진체계를 만드는 것도 중요하다. 업무를 완수하지 못했을 때 후속 조치도 미리 정하라. 많은 매장에서 매출달성에 대한 인센티브 제도만을 운용한다. 그 외에도 직원들의 업무성과를 칭찬할 수 있는 제도를 마련하자. 애초에 상벌 기준을 명확하게 해야 직원들이 상황을 감정적으로 받아들이지 않는다.

Sub-Note. 매장 조직도 그리는 방법

• 매장의 전략적 목표와 그것이 수행되기 위한 직무를 정한다.
• 수행해야 할 각 업무를 정의하고, 그 업무 담당자가 달성해야 할 업무 목표를 정한다. 구체적인 행동 목표로 표현돼야 명확하다.
• 우리 매장의 구성원들과 함께 각 직무를 수행할 담당자를 정한다. 구성원 수가 적은 매장에서는 당연히 한두 명이 동시에 여러 가지 업무를 맡을 수 있다. 구성원이 한 명이든 두 명이든 매장에서 이뤄져야 할 업무가 명확히 정해지고, 그 업무의 담당자가 정해져야 한다.
• 조직도 안에서 업무별 구조도 짜야 한다. 어떤 업무들끼리 유기적인 상하관계에 있는지, 선후 구조에 있는지 눈으로 다 같이 확인할 수 있어야 일의 순서와 체계, 책임이 명확해진다.

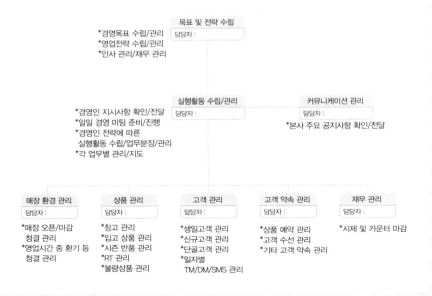

경영인-직원 간 업무를 명확히 하라

매장 직원들이 본인 업무를 명확히 알고 수행할 수 있게 하는 것이 매장 경영인의 주요 역할이다. 매장 직원들이 근무 규정을 지키지 않거나 기대한 업무를 하지 않아 속을 끓이는 경영인이 많다. 이는 경영인과 직원이 각자 생각하는 기준이 다르거나 명확하지 않기 때문이다. 이 부분을 명확히 해야 한다. 다음의 내용을 우리 매장에 맞게 잘 활용해 직원들과 서로 명확한 합의를 하면 된다.

잘나가는 매장의 탄생

매장에서 활용할 수 있는 기본 근무 규정

항목	내용	본인 확인
출근	1. 정해진 근무시간 전에 출근한다. 　• 기본 근무시간:　시　분 ～　시　분 2. 고객을 만나기 적절한 기분 좋은 마음과 신체 상태로 출근한다. 3. 예정되지 않았던 결근, 지각은 전일 혹은 출근시각 1시간 전까지 매 　장 관리자에게 보고하고, 지시에 따른다. 　* 합당한 사유가 있을 때는 자료를 추후 제출해야 함	
근무	1. 정해진 근무 시작 시각에 업무를 시작한다. 2. 상사의 지시를 명확하게 이해하고, 최선을 다해 실행한다. 3. 주어진 업무 완수와 성과 창출을 위해 노력한다. 4. 실시간 유기적으로 동료와 협업한다. 5. 항상 고객의 입장에서 생각하고, 고객 만족을 위해 행동한다. 6. 식사시간 및 휴식시간은 매장 상황에 따라 유동적일 수 있으며, 관 　리자의 지시에 따르도록 한다. 　• 기본 휴식시간:　시　분 ～　시　분 　• 기본 식사시간:　시　분 ～　시　분 7. 용모는 늘 청결하고 단정하게 하며, 매장에서 정해진 규정을 따른다. 8. 매장 안에서는 직원들끼리도 욕설, 은어, 반말 등을 사용하지 않는다.	
특근	1. 정해진 기간 안에 단위 업무 완성을 위해 관리자는 특근을 명할 수 　있다. 특별한 사유가 없는 한 업무 담당자는 지시를 따라야 한다. 2. 특근에 대해서는 정해진 규정의 보상을 한다(수당, 대체휴무 등). 　• 특근 시 보상 내용:	
휴무	1. 매장운영 일정을 참고해 __일 이상의 유급휴가를 갖는다. 2. 휴무는 사전계획에 의해 실행하며, 매장의 운영을 위해 불가피한 경 　우에는 변경한다. 3. 매장 내에서 모든 휴무 실행은 관리자가 승인하고 관리한다.	
보고	1. 정해진 규정 외 발생한 업무는 직속 상사에게 신속히 상황을 보고하 　고 실행 방안을 협의한다. 2. 실행 결과에 대해서는 상사에게 보고한다.	
휴직	1. 법률이 정하는 휴가는 사전 계획 제출 후 사용할 수 있다. 공석 시, 　업무 인수인계 등을 위해 사전에 관리자와 협의한다. 2. 법률이 구체적으로 정하지 않은 육체적, 정신적인 이상으로 휴직을 　요청했을 때, 승인 여부 및 유급 여부는 관리자의 결정에 따른다.	
직무의 변경	1. 관리자의 판단에 따라 직무의 변경 및 직책의 선임/해임을 할 수 　있다.	

해고	1. 매장 업무에 지장을 주는 도덕적인 문제를 일으켰을 경우, 관리자는 해고 조치를 할 수 있다. *매장 내 제품은 관리자의 허락 없이 착용 및 사용을 할 수 없으며, 임의로 반출해서는 안 된다. 2. 본인의 급여를 타인에게 누설했을 경우 해고의 사유가 된다. 3. 관리자의 규정 및 지시 불이행 시 경고하며, 3회 누적 시 해고의 사유가 될 수 있다.	
퇴직 시 의무	퇴직 시 반드시 퇴직원을 관리자에게 미리 제출한다.	

위의 사항을 성실히 준수하며, 미이행 시 징계 및 해고의 사유가 됨을 확인합니다.

서명 _____

업무 규정 확인서

항목	내용	본인 확인
업무 기준	1. 물건을 파는 것이 아니라 고객에게 즐거운 경험을 만들어 주는 것이 우리의 궁극적인 역할이다. 2. 매장의 상품을 통해 고객이 만족할 만한 서비스를 하는 것이 우리의 업무 목표다. 3. 고객이 편안하고, 편하게 우리 매장에 머무를 수 있도록 생각하고 행동하는 것이 우리 업무의 기본이다. 4. 고객이 불편하게 생각하거나 이의를 제기하는 서비스는 원칙보다 해당 고객의 생각에 우선해 제공한다. 5. 각자의 직무가 있지만 언제든지 전 직원이 힘을 합쳐서 고객에게 최고의 경험을 선사하는 것도 중요하게 생각한다. 6. 매일 아침 일일 경영 미팅을 통해 각자의 목표와 업무를 확인하고 성실히 수행한다. 7. 매일 각자에게 주어진 고객관리 활동을 기준에 맞게 성실히 수행한다. 8. 업무에 대한 피드백은 잘 수용하고, 감정적으로 받아들이지 않는다. 업무수행 시 불편하거나 힘든 부분은 다 같이 의논해 합의한다. 다 같이 결정한 기준을 따른다. 9. 본인에게 주어진 업무가 완수되지 못했을 때는 관리자와 상의해 추후 업무지시에 따른다. 10. 기본적으로 본인에게 주어진 업무와 완수시간을 준수한다. 피치 못할 사정이 생길 경우 완수해야 할 시간이 임박하기 전에 관리자에게 상황을 설명하고 추가적인 업무지시를 받는다.	

위의 사항을 성실히 준수하며 근무할 것을 확인합니다.

서명 _____

직원 성장 시스템을 가동하라

커피업계의 일인자는 아직도 아침마다 그날의 커피 맛보는 것으로 일과를 시작한다. 화장품 회사 남성 CEO는 틈이 날 때마다 자사와 타사 제품으로 화장을 한다. 이제는 어느 정도 경지에 올랐다고 생각하는 사람들도 늘 판매력 향상을 위해 노력한다. 계속 새로운 방법을 생각해야 한다. 효율적이라고 생각하는 방법은 더 발전시켜야 한다.

매출은 우리 매장의 실력에 따라 달라진다. 그래서 잘나가는 매장이 되려면 우리 매장 전 직원의 판매 실력이 지속 향상돼야 한다. 이것을 체계적으로 관리해야 한다. 직원 개인의 문제가 아니라 경영인과 매장 전체의 과제다.

매장이 갖춰야 할 힘 4

매장에서 필요한 역량은 총 4가지다. 고객을 우리 매장으로 들어오게 하는 힘, 고객이 우리 상품을 구매하게 하는 힘, 고객이 한 번에 많이 구매하게 하는 힘, 고객이 자주 나와 자주 구매하게 하는 힘이다. 우리에게 익숙한 용어로 하면 매장의 홍보/판촉력, 응대력, 판매력, 고객관리력이다.

매장이 갖춰야 할 힘 4

고객을 우리 매장으로 들어오게 하는 힘	고객이 우리 상품을 구매하게 하는 힘
홍보/판촉력	응대력
고객이 한 번에 많이 구매하게 하는 힘	고객이 자주 나와 자주 구매하게 하는 힘
판매력	고객관리력

이 네 가지 힘은 잘나가는 매장이 갖춰야 할 기본 역량이다. 매장경영인과 직원들이 함께 고민하며 노력해야 한다. 일부 업무는 개인 특성에 맞게 직무 분장하면 매장이 효율적으로 움직일 수 있다.

홍보/판촉력

매장의 홍보/판촉력은 우리 매장을 잘 모르는 고객들을 주 대상으로 한다. 우리 매장의 위치, 상품, 서비스, 직원들을 고객들에게 알리는 것이다. 우리 매장에 흥미와 관심을 끌게 하는 것이 목적이다. 매장에 대한 흥미와 관심을 불러일으켜 매장을 방문하게 하는 것이 목표다. 기존 고객을 자주 불러내기 위한 판촉도 물론 포함된다.

요즘은 SNS를 활용한 매장 홍보가 많다. 기존처럼 전단, 현수막, 매장 앞 POP 보드 등도 여전히 활용되고 있다. 고객이 흥미를 느낄 만한 재미있는 아이디어를 매장 업무 미팅에서 다 같이 고민하고 결정하면 된다. 즉석에서 아이디어를 내는 것도 좋지만 각자 미리 생각해 오는 것이 효율적이다. SNS 홍보는 직원 중 SNS 운영 경험이 있는 담당자를 지정해 꾸준히 업데이트하는 것이 효율적이다.

응대력

고객이 매장 안에 들어와 편안하게 매장을 둘러보고 원하는 정보를 얻을 수 있게 하는 것이 응대력이다. 고객이 안심감을 가지고 내가 원하는 상품을 충분히 검토할 수 있도록 해야 한다.

판매력

보통 매장에서 가장 중요하게 생각하는 판매력은 상품지식력과 상품표현력을 향상해 높일 수 있다.

상품지식력은 고객에게 상품을 제안할 때 활용할 수 있는 상품의 기본 정보를 아는 힘이다. 직원 A가 직원 B보다 상품에 대해서 더 잘 안다. 과연 누가 더 판매를 잘할까? 다른 조건이 같다면 당연히 직원 A가 더 잘 팔 가능성이 높다. 상품지식력은 판매력의 기본이 되기 때문이다.

하지만 판매력에는 상품지식력 뿐만 아니라 다른 요소들도 관여한다. 판매력에는 고객에게 '생생하게 표현하는 능력'도 중요하다. 많이 아는 것과 잘 표현하는 것은 다르다. 많이 알고, 대상에게 맞게 잘 표현할 수 있다면 금상첨화다. '딱 내가 사야 하는 거네!'라는 생각이 들도록 고객과 상품의 특장점을 매칭해서 잘 말하는 것이 판매의 포인트다.

고객이 논리적, 감성적으로 수긍하게 만들어야 판매가 된다. 이것을 샀을 때 고객에게 이익이 된다는 느낌이 확 들어야 한다. 이것을 '상품표현력'이라고 정의하자. 판매할 때 고객이 어떤 마음인지, 어떤 생각인지 재빠르게 파악해야 한다. 같은 상품을 상황에 따라 각각 다르게 설명할 수 있어야 한다. 일반적인 고객 구매 심리가 있고, 이에 맞춰 상품을 설명하는 방법도 있다. 이를 알고, 매일 연습한다면 상품표현력을 높일 수 있다.

결국, 판매력을 높이려면 상품지식력과 상품표현력을 다 갖춰야 한다. 여러 상황을 가정해 미리 판매 연습을 해야 한다. 판매 실력이 없는 직원들도 올바른 방법으로 꾸준히 연습하면 판매력을 향상할 수 있다.

고객관리력

고객이 매장을 나가서부터 다음 방문할 때까지 관계를 유지하는 힘이 고객관리력이다. 고객과 지속적으로 접촉하면서 우리 매장을 항상 최우선 순위에 떠올릴 수 있도록 해야 한다.

Plus-Tip. 상품지식력 높이는 법

상품지식은 제품안내서, 상품에 달린 태그TAG 등을 통해 기본내용을 파악할 수 있다. 본사가 있는 프랜차이즈 매장은 신상품이 나올 때 교육이나 자료를 통해 기본 내용을 제공해주기도 한다. 개인 매장이라도 판매하는 상품에 달린 제품 태그나 제조사를 통해 필요한 정보를 확인할 수 있다.

이렇게 파악하는 상품 관련 정보가 상품지식이 된다. 단편적으로 널려있는 데이터는 소용이 없다. 이 데이터의 조각들을 조합해 유용한 정보로 통합해야 한다. 상품지식은 판매에 가장 필요한 요소다. 그래서 새로운 상품이 들어올 때마다 그때그때 추가로 공부해야 한다.

상품지식은 실전에서 여러 번 활용하면 더 잘 기억되고 체득된다. 매일 업무 미팅 시간에 직원들과 함께 상품지식을 나눠야 한다. 고객과의 상황을 가정해 체득하는 연습도 필요하다. 매일 꾸준히 하는 것이 중요하다.

상품지식과 별개로 판매 아이템의 기초 지식도 필요하다. 의류라면 소재, 컬러, 디자인 등이 기초 지식이다. 커피라면 원두 원산지나 각 커피의 기본적인 특징을 알 필요가 있다. 현재 시장의 트렌드도 알아야 한다. 다른 브랜드 인기 상품을 알면 판매 시점에 도움이 된다. 기초 지식이 없는 직원은 매장경영인이 별도로 학습할 수 있는 자료를 제공하면 좋다.

Plus-Tip. 상품표현력 높이는 법

상품표현력은 '고객이 사고 싶게 말하기' 기본 패턴을 몸에 익히면 된다. 반복 연습을 통해 익힐 수 있다. 그냥 생각하고, 머리로 알면 되는 것이 아니다. 몸으로 직접 해보면서 체득體得해야 한다. 판매 시 일어날 수 있는 상황을 가정하고, 실전 연습하는 Role-Play롤플레이가 가장 확실한 방법이다. 실력이 좋은 직원이 있다면 자신의 노하우를 시연으로 보여주고, 공유하는 것이 효율적이다.

상품표현력은 잘 파는 직원, 못 파는 직원의 기준이 된다. 꼭 배우지 않더라도 본능적으로 재능이 있는 직원도 있다. 하지만 설사 타고난 직원이더라도 그들의 말 속에는 고객의 구매 심리를 자극하는 일정한 패턴과 전략, 표현 방법이 녹아 있다.

대부분의 직원은 지속적인 학습과 훈련을 통해 판매력을 높여야 한다. 매장경영인이 상품표현력을 높일 수 있는 방법을 알아야 한다. 그리고 매일 직원들과 함께 주도적으로 연습해야 한다.

상품표현력을 연습하는 핵심은, 구매 시점 고객의 마음이 흘러가는 방향(심리 흐름)에 맞춰 논리적이고 생생하게 상품 특장점을 표현하는 것이다. 여러 특장점 중 각 고객에게 맞는 내용을 매칭시켜 논리적 말하기 패턴에 적용하면 된다. 고객이 들으면서 '내가 구매하면 나에게 어떤 이익이 있을지' 구체적으로 연상할 수 있어야 한다.

고객 마음속에서 '팔려고 자꾸 좋다고만 하는 거 아니야?'라는 생각이 들 수 있다. 이때 좋다고 얘기하는 근거를 제시할 수 있어야 한다. 이번 시즌 매장에서 가장 인기 있었던 상품이라고 할 수 있다. 구매고객 만족도가 가장 높은 상품이라고 할 수 있다. 해당 고객과 비슷한 고객들이 가장 선호하는 상품이라고 할 수 있다. 이런 사회적 증거를 대면 신뢰도가 높아진다. 이어서 고객이 확신하고 최종 구매 결정을 할 수 있게 클로징을 하면 된다.

논리적인 상품표현력 멘트 예시

고객 설정 : 170cm 정도 되는 40대 남성 고객

- 배가 나왔고 뚱뚱한 몸매
- 몸에 열이 많아 더위를 많이 탄다.
- 피부색은 중간 톤으로 까만 편은 아니다.
- 여름에 시원하게 입을 티셔츠를 사고 싶다.

직원 상품 설명 예시

- 고객님이 딱 시원하게 입으실 수 있는 티셔츠가 있어요!
- (상품을 만져보게 하며) 이거 한번 만져보세요. ◀강조해 보여주기
- 냉감 소재라 아주 촉촉하고 시원하죠? ◀고객과 매칭되는 제품의 소재 특장점 설명
- 똑같은 두께의 티셔츠보다 훨씬 시원해서 고객님처럼 더위 많이 타는 분들께 딱이에요! 체감온도를 2~3℃ 낮춰줍니다. ◀특장점이 고객에게 줄 이익 설명
- 고객님처럼 더위 많이 타시는 분들이 이번 여름에 가장 많이 구매하고 좋다고 말씀하신 상품이에요. ◀다른 사람이 사서 좋았다는 사회적 증거로 신뢰도 높임
- 손으로 만져만 봐도 이렇게 시원한데, 입으시면 실제 체온을 2~3℃나 낮춰주니까 엄청 시원하겠죠? ◀고객 구매 시 이익을 다시 한번 강조하며 클로징

Sub-Note. 상품표현력을 향상하기 위한 트레이닝 방법

① 매일 업무 미팅 시, 그날의 판매 전략상품을 정한다. 매장에 재고가 많거나 우리 매장 주 고객들에게 집중 판매할 수 있는 상품이면 좋다.

② 해당 상품의 특장점을 파악한다. 자료가 있다면 활용하고 해당 상품에 대해서 잘 아는 직원이 있다면 모두에게 공유해주면 된다.

③ 우리 매장에 자주 방문하는 고객을 가상으로 선정하거나 모두가 아는 단골을 임의로 설정한다. 키, 나이, 피부색, 체형, 그 밖에 상품과 관련해 연결되는 기준을 잡으면 된다. 고객이 원하는 사항 등도 추가로 설정하면 된다. 현장에 있는 누군가가 있는 그대로 고객 역할을 하면 직접 시착한 모습까지 확인할 수 있어서 좋다.

④ 선정한 전략상품의 특장점 중 설정한 고객과 매칭될 수 있는 판매 포인트를 정한다.

⑤ 표현하는 순서는, 고객에게 맞는 상품의 특장점을 ➔ 상품 구매를 통해 얻게 될 고객의 구체적인 이익으로 묘사하고 ➔ 다른 사람들도 해당 상품을 사서 너무 좋아했다, 만족했다는 사회적 증거 덧붙인 후 ➔ 고객에게 이익이 되는 점을 다시 한번 강조하며 '클로징' 한다.

• 소재나 특정 부위 특장점을 부각할 때는 '이렇게 잘 늘어나는 것 보세요!' 하며 직접 고객 눈앞에서 시연해 그 부분을 강조해 보여주면 효과가 크다.
• 상품표현력을 향상하는 트레이닝은 전 직원이 모여, 실제 상품을 놓고 역할극의 형태로 실전 연습Role-play을 한다. '이렇게 하겠다, 저렇게 하겠다'고 말만

하는 것이 아니다. 실제상황처럼 직접 해봐야 효과가 있다. 쑥스럽고 익숙하지 않지만, 꼭 해봐야 한다. 숙련된 연주자가 무대에 오르기 전, 수천 번 사전 연습을 하듯 상품표현력도 몸에 배어야 비로소 힘을 발휘한다.

• 이 시간을 활용해 고객으로서 직접 시착하고 제품을 경험하라. 이미 판매를 시도해본 상품이라면 사례를 서로는 공유하는 것도 많은 도움이 된다.

상품표현력 연습을 꾸준히 하면 확실히 판매 실전에 강해진다. 상품을 제대로 이해하게 되고 체득돼 자신감도 생긴다. 판매 시점에 더 적극적으로 변한다. 각 고객마다 고객 맞춤 서비스가 가능해져서 고객만족도가 높아진다. 자연스레 매출과 고객 신뢰도가 상승한다. 이런 판매 성공 경험이 반복되면 직원들의 동기와 매출이 동시에 상승할 수밖에 없는 선순환 구조를 갖게 된다.

03

고객관리 시스템

신규고객화

신규고객을 확보하는 것은 최우선 과제

매장 영업을 시작했다면 신규고객 확보에 사활을 걸어야 한다. 일정 기간 이내에 1,000명 이상의 고객을 모으는 것이 1차 목표다. 3,000명/5,000명 이상의 고객을 모으면 이 고객을 통해 어느 정도 안정된 매출을 확보할 수 있다.

판매하는 아이템에 따라서 1,000명을 모으는 데 걸리는 시간은 각각 다르다. 하지만 이때부터 다각도의 고객 활동을 펼칠 수 있다.

스마트폰이 확산되면서 자사 서비스나 매장의 무료 애플리케이션을 깔기만 해도 혜택을 주는 곳이 많다. 고객을 확보하고 그 고객의 정보를 활용해 영업활동을 할 수 있기 때문에 일단 고객을 모으는 데 막대한 투자를 한다. 그렇게 모은 고객이 모든 마케팅, 홍보 활동의 기반이 되기 때문이다.

오프라인 매장의 경우 현장에서 신규고객을 확보할 수 있다. 매장 밖에 나가서 신규고객을 모아올 수도 있다. 하지만 우리 매장에 흥미와 관심이 있어 들어온 고객을 대상으로 하는 것이 가장 좋다. 구매하는 고객이라면 첫 구매 시 마일리지 적립, 가입 시 즉시 혜택 등을 잘 설명해 반드시 고객 정보를 받아야 한다.

고객에게 직접 회원가입을 받아야 합법적으로 그 고객 정보를 활용할 수 있다. 최근 개인정보보호법이 강화됨에 따라 회원가입 시 휴대전화로 본인인증을 받아야 하는 매장이 많다. 법적으로 문제가 없도록 우리 매장을 보호해주는 최소한의 장치다. 반드시 이 내용은 지켜야 낭패를 보는 경우가 없다.

그리고 우리가 자주 놓치는 부분이 있다. 우리 매장에 관심이 있어서 들어왔는데 그냥 나가는 고객이다. 충분히 우리의 가망구매 가능성이 있는 고객이다. 매장에 머무른 시간이 길고, 구매 결정 고민을 했던 고객은 절대 그냥 보내서는 안 된다. 매장을 나가기 전 어떤 부분 때문에 구매 결정에 어려움이 있었는지 확인해야 한다. 향후 고객이 원하는 것들에 대한 정보를 제공해도 되겠냐는 동의를 얻은 후, 간단한 고객 정보라도 확보해야 한다. 이름, 연락처휴대전화 번호 정도면 된다. 이 고객은 다시 우리 매장에 올 확률이 높은 고객이기 때문이다.

고정고객화

구매한 고객에게는 확실한 기억 남기기 - 3일 이내 해피콜

구매한 고객에게는 해피콜을 해야 한다. 고객의 만족도 체크, 사후 안내 그리고 우리 매장을 또렷이 기억에 남기기 위해서다. 식사나 음료 등을 구매한 고객에게는 현장에서 음식이 제공된 후 또는 매장을 나가는 시점에 만족도 확인을 하는 것이 좋다.

패션 상품은 2~3일 정도 되는 시점에 해피콜을 하는 것이 좋다. 구매 당일 잘 들어가셨냐는 안부도 묻고, 다시 한번 상품 사용 시 주의점을 설명한다. 언제든 필요할 때 정성껏 도와드리겠다는 정도의 메시지를 직접 목소리로 전하면 된다.

구매 후 일주일 이내에 고객과 통화를 하면 정확하게 우리 매장을 인지시킬 수 있다. 다음번 다른 용건으로 연락했을 때 서로가 덜 어색하다. 모르는 번호로 전화가 오면 잘 받지 않는 분들이 많다. 재차 시도한 후 부재 시 문자나 메신저 등으로 메시지를 전달해도 된다.

첫 구매고객은 100일 안에 다시 만나기 - 100일 안에 두 번째 구매 만들기

패션 상품 매장에서는 고객의 두 번째 구매를 100일 안에 만드는 것이 중요하다. 100일 이내에 두 번째 구매를 하면 고정고객이 될 확률이 2배 이상 높아진다. 물론 다른 아이템 매장도 마찬가지다. 이것을 '100일의 법칙'이라고 한다.

첫 구매 시점에 이후 100일 이내에 쓸 수 있는 쿠폰이나 특별혜택을 주는 것이 좋다. 그러면 100일이 임박해오는 시점에 고객에게 그 혜택의 마감 임박을 안내하면서 자연스럽게 접촉할 수 있다. 뭔가 얘깃거리가 없으면 아직 친숙하지 않은 고객들에게는 연락하는 것이 서로 부담스러울 수 있다. 구매 직후 해피콜을 했다면 이때 어색함이 훨씬 덜하다.

첫 구매고객에게 100일 전 다시 와야 하는 이유를 혜택으로 안내하라. '첫 구매 1차 접촉 → 첫 해피콜 2차 접촉. 첫 구매에 대한 감사 → 두 번째 해피콜 3차 접촉. 100일 혜택 만료 안내'을 하고 이를 통해 우리 매장을 정확하게 기억시켜야 한다. 실제 혜택 사용을 위해 100일 경과 전 매장에 나오는 고객도 많다. 매장에서는 매출도 올리면서 고정고객화 시킬 기회가 된다.

잘나가는 매장의 탄생

고객습관화

소중한 날 함께하기 – 생일 등 기념일은 반드시 챙기기

고객에게 TM을 하는 것은 어렵다. 그래서 명확한 얘깃거리를 가지고 하면 수월하다. 고객 정보에 생일이나 기념일 정보가 있다면 이를 적극적으로 활용해야 한다. 많은 브랜드 본사에서는 생일이나 기념일에만 사용할 수 있는 특별혜택을 준다. 개인 매장이라면 이런 제도를 만드는 것이 좋다. 진심으로 고객의 기념일을 축하도 해주고, 고객 혜택을 챙겨서 매장에 나올 수 있게 해야 한다.

생일 혜택 안내 TM을 하면, TM을 안 했을 때보다 고객 반응률이 2배 이상 차이가 난다. TM으로 정확하게 메시지가 전달된 고객들은 최대 80~90%까지 반응하는 매장도 있다. 이 고객들은 원래 구매 계획이 있었던 고객보다 특별혜택 때문에 추가로 구매하는 경우가 더 많다. 원래 매출에 더 추가되는 매출이 만들어진다. 설사 연락을 받고 매장에 나오지 않더라도 내 생일을 기억해주는 고마운 매장으로 기억될 수 있다.

정성을 담아 특별함 만들기 – 고객에게 손편지 쓰기

고객 정보 중 주소가 있다면 손편지를 써라. 정성을 들인 만큼 고객들은 반응한다. 고객이 구매한 후 3~4주 정도 지나면 우리 매장의 기억이 또다시 흐릿해져 간다. 이때 손편지를 보내면 효과가 좋다.

그동안 우리 매장에서 일어난 주요 소식을 전할 수 있다. 다른 고객들의 구매 후기를 활용해 좋은 제품을 소개하거나 고객이 흥미를 느낄 매장 이야기를 해도 좋다. 획일적으로 인쇄된 내용보다는 단 몇 줄이라도 정성스럽게 손으로 직접 써야 효과가 있다.

요즘은 고객 주소 정보가 없는 경우가 많다. 이런 매장은 매일 구매하는 첫 고객, 생일을 맞은 고객 등 고객을 선정해 손편지를 미리 써두면 된다. 고객이 매장에 왔을 때 깜짝 전달할 수 있다.

디지털화될수록 많은 사람이 아날로그 감성에 목말라한다. 누군가 나의 이름을 일일이 불러주며, 나에게 개인적으로 쓴 손편지는 고객의 마음을 건드리고, 우리 매장을 특별하게 만든다.

잘나가는 매장을 따라 하라. 단계별 고객 경험 포인트를 적용하라. 매장 철학이 발현되면 고객에게는 매장 이미지가 된다. 고객을 자유자재로 불러내고 구매 심리를 조정한다. 고객이 매장에 호감을 느끼고 자꾸 생각나서 찾아오게 한다.

PART 3

잘나가는 매장 따라잡기 10

경영철학이 있다

"누구라도 멋진 오빠로 만들어 드립니다!"

안양에 있는 S브랜드 매장은 '멋진오빠연구소'를 표방한다. 이 매장의 경영철학은 '누구라도 멋진 오빠로 만들어주는 곳'이다.

S브랜드는 20~40대 남성을 주 고객으로 하는 남성 정장 & 캐주얼 브랜드다. 패션 상품은 기본적으로 고객이 예쁘고 멋있어 보이고 싶어 구매하는 상품이다. 이에 걸맞게 패션 전문성을 가지고, 누구라도 가장 멋지게 만들어 주겠다는 다짐이자 매장 컨셉이라 할 수 있다. 브랜드가 가진 아이덴티티와 매장에서 추구하는 방향성, 이곳에서 상품을 구매하는 고객들의 잠재 욕구까지 잘 결합된 경영철학이다.

대부분 매장에는 경영철학이 없다. 많이 팔아서 돈을 많이 버는 것이 매장경영의 목표일 수 있다. 하지만 우리 매장의 경영철학이 있으면 그것은 우리 매장만의 컨셉이 된다. 실행하는 모든 경영활동의 기준이 된다.

우리 매장의 경영철학을 중심으로 각종 경영전략을 만들고, 그 전략들이 잘 실행되면 결국 원하는 매출도 만들어진다. 우리 매장의 경영철학에 동의하는 고객들이 우리 매장의 주요 고객으로 남게 된다.

잘나가는 매장의 탄생

고객을 직접 불러낸다

1. 신규고객 불러들이기
: 들어가고 싶은 매장 만들기

이제 판매 싸움이 아니라 입점入店 싸움이다. 일단 들어가고 싶은 매장이어야 한다. 고객은 흥미와 관심을 느껴야 우리 매장에 들어온다. 매장 연출을 통해 새로운 고객을 들어오게 해야 한다.

매장 연출은 예쁘고, 보기 쉽고, 구입하기 쉽게 하는 게 기본이다. 생동감이나 활기가 넘치도록 진열하는 것이 연출이다. 연출하는 포인트는 구매 과정의 스트레스를 줄여주고, 구입하기 쉽게 하는 것이다. 그래야 고객이 만족스럽고 편하게 구매를 한다.

일본의 유명 패션유통점인 유나이티드 애로우스에서는 이를 5적的이라

고 정의한다.[11]

유나이티드 애로우스의 5적(的)

- 사고 싶은 때
- 사고 싶은 상품을
- 사고 싶은 가격에
- 사고 싶은 양만큼
- 사고 싶은 장소에서 구매하도록 하는 것

윈도를 생동감 있게 자주 바꿔라

상품을 어떻게 진열하면 고객이 들어오고 싶을지 고민해야 한다. 연출과 진열에 따라 입점고객 수가 달라진다. 이는 곧 매출로 연결된다. 매일 또는 하루 중에도 수시로 윈도를 어떻게 바꿀지 고민하고 변화를 주는 것이 좋다.

상권에 따라 같은 진열을 며칠 정도는 유지해야 판매에 효과적인 곳도 있다. 이럴 때도 연출의 작은 포인트에는 변화를 주는 것이 좋다. 무엇보다 고객이 우리 매장을 매일 변화가 있는 곳으로 느낄 수 있어야 한다.

계절이 바뀌거나 신상품이 나왔을 때 평소보다 고객 입점 수가 많아진다. 이유는 윈도에서부터 매장에 변화가 느껴지기 때문이다. 우리 매장 주

---

11) 유나이티드 애로우스 인사팀 담당자의 직접 인터뷰(2010) 참조.

고객에게 맞게 윈도 연출을 해야 한다. 그러면 평소 스쳐 가던 고객들도 들어오게 된다.

매장에서 펼쳐지고 있는 일들을 시각적으로 알려라

고객이 받을 수 있는 혜택, 본사/매장 프로모션 내용, 실시간 매장 이벤트를 눈에 띄게 알려야 한다. 우리 매장을 스쳐 가는 고객의 눈에 띄게 하는 것이 1차 목표다. 수시로 변경 가능한 POP나 보드판 등을 활용하면 좋다. 고객이 흥미를 느끼고 매장 안에 들어오게 하는 것이 최종 목표다. 문구나 이미지 등이 눈에 잘 띄어야 한다. 호기심을 자아내거나 흥미를 끌 수 있는 내용으로 작성해야 한다.

매장 외관을 깨끗하게 관리하라

외부에서 보는 매장 전경은 얼굴과 같다. 매장시설을 처음 설치한 시점과 상관없이 간판, 어닝, 윈도, 출입문 등이 깨끗하게 관리돼야 한다. 깔끔하게 잘 단장된 매장이 고객을 불러들인다. 고객이 처음 우리 매장을 느끼고, 판단하게 되는 매장 외관부터 신경 써서 잘 관리하자.

밖에서 들여다보이는 매장 안의 풍경을 연출하라

식당에 들어갈 때 사람들은 먼저 밖에서 매장 안의 상황을 살핀다. 고객이 있는지 없는지, 많은지 적은지, 직원들은 무엇을 하고 있는지 본다. 잘나가는 매장은 매장 안 풍경을 연출하는 전략이 있다.

전면이 유리로 돼있는 미용실이나 네일숍은 고객이 없는 시간대에도 매장을 북적거리게 연출한다. 무료로 서비스를 더 해주거나 가격을 저렴하게 해서 늘 고객이 많은 매장으로 보이게 한다. 아는 고객들이나 지인이 구매를 위한 목적으로 매장에 있지 않더라도 고객처럼 보이게 한다.

절대 한적한 매장으로 보이게 하지 않는다. 적당히 움직이고, 붐비는 매장 풍경이 사람의 마음을 안심시킨다. 그래서 매장 안으로 고객을 불러들인다.

매장 안에 고객이 없다면 한자리에 모여 있거나 가만히 있는 것보다 각자 위치를 정해 적당히 움직이는 것이 좋다. 그러면 매장이 한적해 보이지 않는다. 고객이 들어가기 한결 쉬워진다. 고객이 없다고 빤히 출입문을 바라보고 있으면 들어가기 힘들다. 반대로 매장 안에 아무도 보이지 않아도, 직원들끼리 삼삼오오 모여 수다를 떨고 있어도 매장에 들어가기 부담스럽다.

할 일이 특별히 없더라도 매장을 왔다 갔다 움직이며 수시로 제품을 정리하라. 잘 모르는 제품이 있다면 자세히 보고, 어떤 식으로 고객에게 팔면 좋을지 고민해봐도 좋다. 상품의 위치와 연출을 바꿔봐도 좋다. 밖에서 보기에도 매장이 너무 적막해 보이지 않고 들어가기 편한 모습으로 연출된다.

가능하면 매장 출입문을 열어두라

요즘은 미세먼지가 심해서 문을 열기 어려운 날이 많다. 하지만 매장의 출입문을 열어두면 고객이 매장 안으로 들어오기 훨씬 쉬워진다. 심리적 장벽이 낮아지기 때문이다. 사지 않고 나오는 것에 대한 부담감이 적어져 고객 입점률이 좋아진다.

2. 기존고객 불러들이기
: 고객이 일부러 찾아오게 만들기

우리 매장에서 구매 경험이 있는 고객이라면 반드시 일부러 다시 찾아오게 만들어야 한다. 누군가가 보고 싶어서, 그냥 지나가다가, 새로운 상품이 들어왔다고 하니까, 재미있는 이벤트를 하고 있다고 해서 등 우리 매장에 와야 할 이유를 다양하게 만들고 적극적으로 불러내야 한다.

예전에 프레스티지prestige급 여성복 브랜드 매장을 운영할 때였다. 매주 한 번은 꼭 매장에 놀러 오던 고객이 있었다. 매니저인 나를 만나러 놀러 오는 게 목적이었다. 만나서 한 주 동안의 안부를 묻고, 이 얘기 저 얘기 하다 보면 금방 두세 시간이 흘렀다. 눈치를 주거나 강요하지 않는데도 돌아가는 길에는 꼭 뭔가 사가곤 했다. 굳이 안 그래도 된다고 해도 회단가가 적게는 50만 원, 많게는 200만 원 가까이 됐다.

우리 매장의 상품가격에 따라 회단가가 달라질 수 있다. 하지만 이 고객처럼 자주 습관처럼 우리 매장에 편하게 들르는 고객을 많이 만들어야 한다. 와서 즐겁게 시간도 보내고, 자연스럽게 판매를 할 수 있다면 더할 나위 없이 좋다.

시간이 날 때마다 들르는 커피전문점 세 곳 있다.
첫 번째는 유명 커피 브랜드 매장이다. 매번 앉는 자리의 창밖 풍경과 햇

살이 좋고, 늘 북적거리는 분위기가 좋아서 찾게 된다.

두 번째 매장은 개인 카페다. 직접 만든 수제 생딸기 케이크가 예술이라 케이크가 먹고 싶거나 지인들과의 약속 장소로 활용한다.

세 번째 매장은 집 바로 앞에 있는 북카페다. 직접 내려주는 드립 커피 맛이 좋고, 조용하게 책을 볼 수 있어 찾게 된다.

커피라는 같은 상품을 판매하는 곳이지만 그 매장을 찾는 이유는 각각 다르다. 어느 매장에 고정적으로, 지속해서, 자주 가는 고객은 그곳에 가는 이유와 교환가치가 명확하다.

우리 매장이 가진 가치와 매번 새로운 변화를 통해 기존 고객을 자유자재로 불러내는 힘이 중요하다. 매장 앞을 지나가다가 우연히 들어오는 고객 수는 우리 마음대로 조정하기 힘들다. 우리 매장에서 구매 경험이 있는 고객이 우리 매장에 가장 호의를 가진 고객이다. 다시 올 가능성이 가장 큰 고객이다.

매장의 새로운 콘텐츠와 재미를 만들어라. 고객이 우리 매장에 계속 와야 하는 이유를 만들어야 한다.

패션 상품 매장에서 A라는 특정 고객이 같은 매장에 찾아와 구매하는 횟수는 연간 평균 2회 정도다. 평균 2회가 안 되는 매장도 많다. 우리 매장의 구매 경험이 있는 고객 중 70% 이상은 다시 오지 않는다. 이런 단발성 고객

이 많을수록 밑 빠진 독에 물 붓기가 된다. 첫 구매 후 고객이 우리 매장을
지속해서 올 수 있게 만들어야 한다.

입구에서 프레이밍(Framing) 한다

첫인상이 중요하고, 첫사랑이 평생 기억에 남는다. 고객에게 즐거운 경험은 시작이 반이다. 고객이 오래 기분 좋게 머물다 가는 매장의 공통점은 시작이 좋다는 것이다. 좋은 시작은 고객이 매장에 들어서는 순간, 어떻게 프레이밍 시키느냐에 달려있다. 우리 매장은 고객에게 어떤 첫인상을 주고 있는가?

버선발로 뛰어나가 맞이하기

어린 시절 외갓집은 시골에 있었다. 대문을 열고 들어가는 순간, 외할머니는 어린 손녀가 반가워 버선발로 뛰어나오시곤 했다. 우리가 매장에서 이런 느낌을 줄 수 있을까? 상대가 너무 반가워서 한걸음에 달려나가 맞이하는 것! 고객 방문을 진심으로 반기고 기쁜 마음을 표현하는 것이다.

고객을 맞이하는 일은 무조건 감사한 마음을 전하는 것이어야 한다. 고객이 다른 매장에 갈 기회비용을 들여 우리 매장에 왔기 때문이다.

계산대 앞에 앉아서 '언제 고객이 들어오나' 그저 출입문만 바라보고 있는가? 누가 들어오면 그제야 옷매무시를 가다듬고 고객에게 다가서는 매장이 많다. 뚫어지라고 PC 모니터만 바라보다가 무표정한 인사와 표정 없는 목소리로 인사를 건네는 곳도 있다. 과연 고객이 환영받는다는 느낌을 받겠는가?

반갑고 기쁜 마음을 표현하며 환영하기

한때 '어서 오세요' 대신 '안녕하세요'란 인사말이 유행했다. '어서 오세요'는 고객을 판매의 대상으로만 인식하는 말 같고, 인간적인 관계의 시작이란 의미에서 '안녕하세요'가 훨씬 좋단다. 하지만 누군가 집에 찾아와도 '어서 와~'란 말로 반갑게 맞지 않는가?

인사말의 종류보다 어떤 느낌을 상대에게 전달하냐가 더 중요하다. 형식적인 인사가 아니라 정말 반가운 누군가를 맞이하듯 친근감 있게 인사하자. 고객의 얼굴이 환해지도록.

"밖이 많이 덥죠? 시원한 물 한잔 드세요!"

"아휴, 비가 너무 많이 오네요, 옷은 젖지 않으셨나요?"

"무거우시죠? 어떻게 이걸 혼자 들고 오셨어요?"

"헤어스타일이 너무 멋있으시네요~"

"와~ 입고 있는 재킷 컬러가 너무 예뻐요."

고객이나 상황에 맞게 다양한 인사말을 할 수 있다. 날씨 인사에 개인적인 배려를 더하면 효과가 좋다. 무거운 짐을 들고 있다면 인사하면서 자연스럽게 도와주면 된다. 외모나 옷차림 중 눈에 띄는 부분이 있다면 구체적으로 칭찬하면 된다. 사람들은 낯선 곳에 들어서면 잔뜩 긴장하게 된다. 이런 고객 맞이는 경계했던 고객 마음이 편해지게 하는 좋은 방법이다.

간혹 밝게 웃으며 친절한 인사말을 건네도 뭔가 불편한 매장이 있다. 세련됨은 없어도 편안하고 진심이 느껴지는 매장이 있다. 우리 매장에 주로 오는 고객은 살갑고 친근하게 대해야 하는 어르신 고객이 많은가? 적당한 대인거리를 유지하기 원하는 젊은 고객이 많은가? 우리 매장의 주 고객층과 분위기에 따라 그들에 맞는 온도로 따뜻하게 맞아주는 것이 좋다. 고객 마음을 얻는 첫 비결이다.

친구나 가족처럼 편하고 친근하게 대하기

잘나가는 매장은 왠지 편하다. 그 공간이 편하고, 그 매장 사람들이 편하다. 일단 편안하면 고객이 오래 머문다. 오래 머물면 구매할 확률이 높아진다. 친한 친구나 가족을 대할 때 나의 표정, 말투, 행동은 어떠한가? 그 느낌을 살리면 된다.

어떤 고객은 나와 비슷해서 그냥 편할 수 있다. 어떤 고객은 나와 좀 달라 어색할 수 있다. 다소 어색해하는 고객이라도 우리가 그 고객을 친근하게 편안하게 대할 수 있어야 한다. 그 에너지의 파장은 상대에게 그대로 전달돼 고객 마음을 무장해제 시킬 것이다.

동시에 복수고객 맞이하기

고객을 응대하는 중이나 다른 업무 중에 추가로 고객이 입점할 때가 있다. 누군가가 이미 들어가 있는 매장이라 왠지 더 좋을 것 같다. 사지 않고도 편하게 나올 수 있을 것 같다. 그래서 고객은 너무 한적한 곳보다는 북적거리는 매장을 선호한다.

고객을 한 명, 한 명 잘 응대하고 싶은 매장에서는 여러 고객이 동시다발적으로 들어오면 어렵다. 주말에 일부 명품 매장 앞을 보면, 긴 대기 줄이 있다. 많은 고객이 한 번에 들어오면 1:1 응대할 수 없으므로 한 번에 응대할 수 있는 고객 수 만큼만 받는 것이다.

고객은 기본적으로 대접받길 원한다. 내 돈을 쓰러 왔기 때문이다. 밀착 응대를 싫어하더라도 내가 필요한 순간에는 누군가가 슈퍼맨처럼 즉시 나타나야 한다. 다른 고객이 있거나 직원들이 바쁜 것 같아도 마찬가지다. 매장에 들어섰을 때 아무도 나를 아는 척해주지 않으면 왠지 무시당한 느낌이 들고 섭섭하다.

고객 응대 중에 또는 다른 업무 중에 고객이 들어왔다. 그때 우리가 해야 할 일은 무엇일까? 일단 들어온 고객에 대해 명확히 알아주는 것이다. '당신이 들어왔음을 제가 알고 있습니다'라는 메시지가 고객에게 정확하게 전달되면 된다. 고객과의 눈 맞춤, 짧은 목례, 반가운 맞이 인사 등 무엇이든 좋다. 고객이 알아차리게 명확히 신호를 주면 된다. 그러면 고객이 안심한다. 그런 다음 하던 업무를 빨리 일단락 짓고, 그 고객을 응대하면 된다.

04

첫 타이밍을 잡는다

고객에게 다가서는 타이밍

많은 매장경영인들이 질문한다.

'매장에 고객이 들어오면 도대체 언제쯤 고객에게 다가가 말을 걸어야 할까요?'

고객을 반갑게 맞이하고 나면 언제 고객에게 다가서야 할까?

많은 매장에서 바로 고객에게 다가가는 경우가 많다. 그리고 무엇을 찾느냐고 묻는다. 간혹 그것이 친절로 느껴지지만 때때로 고객은 빨리 살 거 사서 나가라는 듯한 압박을 받는다고 한다.

매장에 처음 온 고객은 대부분 긴장한다. 잘 모르는 공간이라 일단 경계심이 생기기 때문이다. 어렵게 매장 문턱을 넘었는데 들어오자마자 누군가가 혹 다가와서 자꾸 이것저것 묻는다면 마음의 여유를 갖기 힘들다. '살 거 없으면 나가라는 건가?' 확 내몰리는 느낌도 든다.

고객이 지금 막 매장에 들어섰다면 잠시 여유를 가지고 우리 매장 공간에 적응할 시간을 주는 것이 필요하다. 맞이 인사 후 최소 15~30초 정도는 여유를 주는 것이 좋다. 매장 판매 아이템이나 분위기, 타깃 고객의 특성에 따라 그보다 더 긴 시간을 주어도 괜찮다.

하지만 빠트리지 말아야 할 일이 있다. '천천히 둘러보세요'라는 안내를 꼭 해야 한다. 이 말에는 마법이 있다. 그 말을 듣는 순간 고객의 마음에 안정감이 생긴다. 새로운 공간에 적응할 여유가 생긴다. 물론 눈빛으로, 표정으로 '바로 도와주세요!'라고 얘기하는 고객은 없는지 세심하게 살펴야 한다.

표정, 걸음걸이, 언어를 보면서 고객 성향을 파악

그 사람의 성향은 표정, 몸짓 등 보디랭귀지로 표현되는 경우가 많다. 매장을 들어올 때 고객의 표정, 걸음걸이, 말의 속도 등으로 고객을 파악할 수 있다. 고객이 걷는 속도가 빠르고 움직임이 크다면 거기에 맞춰 시원시원하게 응대를 하면 된다. 고객이 걷는 속도가 느리고 조심스럽다면 그 페이스에 맞춰 응대하면 된다.

고객의 표정이 환하고 유쾌하다면 그 분위기에 맞춰 명랑하게 응대하라. 표정이 슬프거나 우울하다면 혼자 너무 신나는 것보다는 어느 정도 고객의 분위기에 맞추는 센스가 필요하다.

주로 상품의 스펙 위주로 물어보고 확인하는 고객은 이성적일 확률이 높다. 상품의 특장점을 논리적으로 고객에게 어필해야 한다. 본인 얘기, 주변 얘기, 이런 저런 얘기를 두서없이 늘어놓는 고객도 있다. 제품의 특장점을 설명하되 고객이 감성적으로 만족할 수 있도록, 이미지로 잘 상상할 수 있도록 설명하면 좋다.

단골을 위한 특별한 사전준비

자주 오는 단골이라면 언제 다가서야 할까? 고객은 이미 우리 매장이 익숙하다. 고객 휴게 공간소파 등으로 바로 안내해 다과와 수다로 시작하자. 근황을 물으며 대화를 시작하면 된다. 누구나 관심받길 원하고, 개인적인 관심은 관계를 더 돈독하게 한다. 얘기하다 보면 고객에게 무엇이 필요한지 자연스럽게 알 수 있고, 그 후에도 판매는 충분히 가능하다.

여성 의류 브랜드 매장을 운영했을 때다. 매장에 있으면 단골고객이 들른다는 연락이 종종 온다. 여유 있을 때는 항상 그 고객이 좋아할 만한 다과를 특별히 준비했다. 매장에 상시로 있는 것을 활용해도 좋지만, 그 고객이 찐빵을 좋아한다고 하면 일부러 시간 맞춰 따뜻하게 준비해뒀다.

고객은 지나가다 그냥 들르는 것이지만 판매 준비는 늘 철저히 해야 한다. 신상품 위주로 그 고객이 좋아할 만한 상품을 따로 모아 이동형 행거에 준비해 둔다. 고객이 도착하면 일단 준비한 다과를 나누며 즐겁게 수다를 떤다. 서로의 근황을 묻고, 이 얘기 저 얘기 하다 보면 자연스럽게 상품 얘기를 할 수 있다.

사전에 따로 빼놓은 상품을 자연스럽게 보여준다. 절대 먼저 사라고 얘기하지는 않는다. '이거 너무 예쁘죠?', '이거 보는 순간 너무 잘 어울리겠다 싶어서 입혀 보고 싶었어요. 얼마나 예쁠까?'라고만 하면 된다. 실제 90% 이상은 판매에 성공했다. 그런 단골고객이 2~3명만 있으면 그날 기본 매출은 쉽게 달성된다.

본인만을 위한 상품을 따로 선정하고 보여주면 고객은 특별한 대접을 받는다고 느낀다. 추천해준 상품을 입어보며 자연스럽게 구매 결정 단계에 들어선다. 혹시 추천 상품이 마음에 들지 않더라도 자연스럽게 대안 상품으로 전환할 수 있다. 여러 가지 상품을 보다 보면 무언가 구매하게 될 확률이 높다.

· 중고가(中高價) 상품을 판매하는 매장인가?
· 입점고객 수가 적어 여유로운 매장인가?

• 고객 휴게 공간이 넉넉히 마련된 매장인가?

전략을 차별화하라. 특히 단골고객이 사전 연락을 하고 올 때는 그 고객에 온전히 집중해야 한다. 그 고객이 좋아할 것들을 준비한다. 미리 상품을 빼놓는다. 사람들은 '본인만을 위한', '본인을 위해 특별히 준비된' 것들에 호의적이다.

고객과 새끼손가락에 실을 연결하고 있는 마음으로

애써 다가갔는데 무응답으로 일관하거나 혼자서 보겠다고 하는 고객이 있다. 원래 혼자 쇼핑하는 것을 좋아하거나 셀프 쇼핑에 익숙해진 탓이다. 그냥 내버려둬야 할 것 같지만 이런 고객은 방치되기 쉽다. 고객을 자유롭게 두되 더 세심한 관찰이 필요하다.

고객이 혼자 편하게 둘러보게 한 뒤, 어떤 상품에 관심을 갖는지 유심히 봐야 한다. 고객이 관심을 가지는 상품은 행거에서 꺼내 보거나, 유난히 오래 보거나, 내 몸에 대보는 상품일 경우가 많다.

항상 고객과 내 새끼손가락에 미세한 실이 한 가닥 연결돼 있다고 생각하라. 그래야 고객의 작은 필요, 움직임도 금방 알아챌 수 있다.

혼자 있겠다고 한 고객은 너무 가까운 거리에 있지 말아야 한다. 졸졸 따라다니거나 계속 쳐다보면 감시받는 느낌이 들기 때문에 고객의 마음이 불편해진다. 빨리 벗어나고 싶어진다. 고객이 눈치채지 못할 정도의 거리에서 고객의 움직임을 세심하게 파악해야 한다. 그래야 적절한 때 고객 앞에 나타나 멋진 서비스를 할 수 있다.

고객이 한 상품 앞에서 꽤 오랫동안 머무르는가? 조용히, 재빠르게 고객에게 다가서라. 자연스럽게 보고 있는 상품에 관해 얘기하면 고객이 '필요 없어요'라고 하지 않는다. 영업은 기회다. 적절한 타이밍을 잡아야 한다. 고객이 주변을 두리번거린다면 '도와드릴까요?' 하며 다가서도 좋다.

특정 상품을 행거에서 꺼내 몸에 대보거나 오래 보고 있다면 '다른 컬러도 있습니다', '소재가 참 부드럽지요!', '역시 좋은 상품을 보는 눈은 다들 비슷하신가 봐요', '저희 매장에서 가장 인기 있는 상품을 보고 계시네요!' 하며 다가서면 된다. 그러면 고객이 자연스럽게 본인의 필요를 얘기할 것이다.

음식점에서 식사하다 보면 필요한 순간 '짜잔~' 하고 나타나는 직원들이 있다. 수저를 떨어트리거나, 밑반찬이 떨어지거나, 티슈가 없거나 할 때 어디선가 나타나 필요를 채워주는 곳이 있다. 반면에 그런 상황에 일일이 직원을 불러야 하는 곳도 있다. 고객으로서 어떤 서비스가 더 좋을까?

05

전문가처럼 보인다

판매하는 상품은 반드시 직원들이 먼저 사용해봐야 한다

　직접 먹어봐야 생생한 맛을 전달할 수 있다. 옷과 신발은 신상품이 들어오면 꼭 먼저 시착해봐야 한다. 판매 전 매장 직원들이 해야 할 가장 중요한 일이다. 직접 사용해보면서 고객 관점에서 자세히 느껴보는 게 중요하다.

　직접 먹어봐야 어떤 맛인지 정확하게 표현할 수 있다. 옷과 신발은 체형이 다른 여러 직원이 함께 시착해보라. 각 고객에게 맞는 포인트를 찾을 수 있다. 어떤 점이 좋고, 아쉬운지 의견을 나눠야 한다. 어떤 고객에게 추천하면 좋을지도 전략을 세우면 좋다.

　직접 사용해보면 그 상품을 실감實感할 수 있다. 나와 비슷한 취향이나 체형의 고객에게 판매할 때, 미리 사용해본 경험은 큰 도움이 된다. 상품 제안 시, 현실감 있게 표현할 수 있으므로 고객도 공감할 확률이 높아진다. 판매하는 우리 자신도 자신감이 생긴다. 직접 사용해보지 않으면 어림짐작할 수밖에 없다. 정확도가 떨어진다.

홈쇼핑 쇼호스트또는 쇼핑호스트들은 판매해야 할 상품이 정해지고 방송일정이 잡히면 평균 3주 정도 해당 상품을 미리 사용해본다. 물론 아이템에 따라 기간이 다르다. 화장품, 건강식품 등은 일정 기간 이상 직접 사용해봐야 고객으로 느끼는 생생한 경험과 상품의 특장점을 잘 표현할 수 있다.

홈쇼핑은 우리처럼 매장에서 한 고객, 한 고객 응대 경험을 쌓으면서 판매할 수 있는 환경이 아니다. 한정된 방송 시간에 최대한의 매출을 올려야 하기 때문에 말 한마디, 찰나의 표정조차 중요하다.

매장에서는 판매 시간이 흐르면서 여러 고객이 사용하는 모습도 보고, 고객들의 반응도 알 수 있다. 그래서 판매 누적 시간을 쌓으며 특정 상품에 대해 주로 파악해간다. 하지만 신상품을 초기부터 잘 팔리려면 먼저 사용해보면 된다.

패션 상품들은 옷걸이에 평면적으로 걸려 있는 것과 착용했을 때가 다르다. 이상적인 몸매를 가진 마네킹에 입혀놓고 실제 고객들과 비슷할 것으로 생각하면 오산이다. 내가 미리 직접 입어보고 팔뚝 너비, 팔 길이 등 상품 각 부분의 특징을 제대로 알아야 잘 팔 수 있다.

피부에 닿아봐야 소재의 촉감을 알고 고객에게 생생하게 전할 수 있다. 직접 입고 벗어봐야 신축성을 확인하고 불편한 점은 없는지 알 수 있다. 시착 과정에서 상품의 불량이나 오염을 발견해 선조치할 수도 있다. 사전에 사용해보는 과정은 꼭 필요하다.

고객이 많이 말하게 하라

고객은 늘 주도권 가지기를 원한다. 구매 과정에서 많이 말하게 하면 고객은 주도권이 있다고 느낀다. 고객에게 질문하라. 고객의 마음속에 답이 있다. 때론 고객 자신도 본인의 생각이나 마음을 정확히 모른다. 대부분 고객은 자기 생각이 있어도 묻기 전까지 먼저 말하지 않는다.

'겨울 코트를 하나 보러 왔습니다.'
고객이 얘기한다.
'이 상품이 요즘 가장 인기 있어요!'
'이 상품은 현재 50%나 할인이 됩니다.'

'겨울 코트'라는 말을 듣는 순간 우리는 하고 싶은 말을 막 쏟아낸다. 빨리 팔고 싶기 때문이다. 고객의 말이 떨어지기가 무섭게 이것저것 무턱대고 제안한다.

실고객실제 제품을 사용할 사람 에 대해 아무것도 모르면서 너무 쉽게 제안한다. 누가 입을 것인지, 어떤 것을 선호하는지 모르는 상태에서 막 던진다. 고객이 염두에 둔 상품이 있을 수 있다. 구매 기준이 명확히 있는지도 모른다. 고객의 입으로 말하기 전까지 우리는 정확하게 모른다.

잘 모르는 상태에서 많이 말하지 말라. 고객이 최대한 말하게 하라. 질문만 제대로 하면 고객이 답을 준다. 마음만 앞서서 막 들이대지 말자. 차분히 고객의 속도에 맞춰 질문하고, 경청하자.

질문할 때 주의할 점이 있다. 고객의 대답을 유도하는 연속적인 질문은 고객이 취조를 받는 것처럼 느낀다. 고객의 생각이나 대답 속도와 나의 대화 속도를 맞춰야 한다. 그렇지 않으면 고객은 아예 입을 닫아 버린다. 우리 매장을 빨리 벗어나려 할지 모른다.

질문에 답을 잘 안 하는 고객도 많다. 방해받고 싶지 않거나, 어떻게 대답해야 할지 잘 몰라서 그렇다. 혹시 질문에 고객의 답이 없다면 '편안하게 둘러보세요. 필요한 것이 있으면 도와드리겠습니다' 하고 물러서면 된다.

고객이 답을 하기 시작했다면, 고객의 페이스에 맞춰 차근차근 질문하라. 오가는 대화 속에 고객과의 관계를 형성해야 한다. 고객도 질문에 답을 하면서 본인의 구체적인 니즈를 발견하게 되는 경우가 많다. 고객의 생각이 이럴까 저럴까, 혼자 추측하지 말자. 답은 고객에게 있으므로 우리는 잘 묻고, 잘 들으면 된다.

최소한 세 가지 이상의 무기는 갖고 있어야 한다

무기가 많으면 전투력이 상승하고 자신감이 생긴다. 고객을 사로잡아야 선택받는 시장은 살벌한 전쟁터다. 고객의 마음을 꿰뚫고 있지 않은 이상 하나의 안案만 가지고는 선택받기 힘들다.

우리는 판매 전, 상품에 대해 사전학습을 한다. 미리 판매 상황에 대비한다. 다 함께 상품의 기본 특징, 실제 사용해본 느낌과 생각을 나누는 것이 도움이 된다. 어떤 고객에게 어떻게 팔지 의견을 공유하라. 실전처럼 연습을 꼭 해봐야 한다. 매일 꾸준히 지속해서 해야 한다.

개인적으로는 각 상품에 어울릴 고객을 수시로 상상해보라. 고객과 상황에 따라 추천할 아이템을 정하고 미리 고민해야 한다. 그래야 판매 시 당황하지 않는다. 자신 있게 상품을 추천할 수 있다.

사전준비를 바탕으로 고객에게 제안할 1, 2, 3안을 가져라. 고객은 단번에 구매 결정을 하지 않는다. 마음에 드는 것이 있더라도 사람 마음이 원래 그렇다. 1, 2, 3안이 있으면 3번 이상 고객에게 충분히 제안할 수 있다.

좋은 상품이란 생각이 들면 충동구매도 하므로 고객이 1안을 선택하더라도 2, 3안을 추가 선택할 가능성도 있다. 추가 판매로 회단가를 높일 기회가 된다.

판매할 상품을 사전에 완벽하게 파악하는 일은 어렵다. 각 상황에 따라 다시 1, 2, 3안으로 생각해두는 것은 더 어렵다. 그래서 이 준비가 돼있는 매장은 충분히 그 힘을 발휘한다. 내 손에 결정적인 무기가 된다. 고객에게 하고 싶은 말이 많아지고, 대화가 풍성해져서 판매 자신감도 배가 된다.

설명 파워가 있다

고객은 구매 과정에서 수많은 생각을 한다.

'이걸 사면 뭐가 좋을까?'

'팔려고 무조건 좋다고 하는 건 아닐까?'

'저렇게 얘기하는 근거가 있을까?'

'다른 매장에 가면 더 싸게 살 수 있지 않을까?'

'지금 살까, 말까?'

이 복잡한 고객의 생각을 최종 결정짓게 하는 것이 상품 설명이다. 고객은 매장에 오면 본인이 원하는 정보를 얻길 원하고, 상품 설명을 통해 비교, 검토가 잘돼야 그 매장에서 구매한다.

쉽게 설명해야 한다

우리가 판매 중 가장 많이 하는 실수는 어려운 용어를 쓰는 것이다. 고객은 알아듣기 어려우면 집중하기 힘들다. 어려운 용어를 쓰면 내가 원하는 내용이 잘 전달되지 않는다. 물론 때로는 전문용어를 써줘야 더 전문가답게 보인다는 주장도 있다. 하지만 쉽게 설명해야 정확하게 전달된다.

특정 아이템이나 통상적으로 쓰는 전문용어가 고객과 소통하기 더 쉽다면 사용해도 된다. 하지만 대체할 용어가 없다면 반드시 부연설명을 해줘야 한다. 고객은 몰라도 먼저 질문하지 않는다. 못 알아들으면 대충 넘어간다. 결국, 매장에서 전하고자 하는 메시지가 고객에게 정확하게 전달되지 않는다. 무분별하게 쓰는 외래어, 업계 전문용어가 많다. 모든 것은 고객 관점에서 쉽게 설명돼야 한다.

상품의 특징과 함께 그 고객이 반할 만한 이익을 설명해야 한다

상품 설명을 할 때 주로 제품의 특징을 말한다. '이건 이런 소재라 좋아요!', '화사한 핫핑크예요' 하는 식이다.

고객은 궁금해한다.
'왜 내가 이 상품을 사야 하는가?'

지금 이 상품을 사면 '이 고객에게 뭐가 좋을지'에 집중해야 한다. 사람은 내게 딱 맞는, 내게 이익이 되는 상품을 사기 때문이다.

같은 상품을 설명하는 세 사람을 보자.

직원 A : 이 상품은 메시 소재라 좋아요!

직원 B : 이 상품은 메시 소재라 시원합니다!

직원 C : 이 상품은 메시 소재라 시원해서, 고객님처럼 땀을 많이 흘리는 분들께 아주 유용한 상품입니다. 바람이 통해 아주 시원하거든요!

직원 A, B, C 중 어떤 설명이 가장 흥미로운가?

각 고객에게 맞는 이익 관점에서 설명하려면

첫째, 고객을 제대로 알아야 하고 고객 니즈 파악

둘째, 설명하는 상품의 특징을 알아야 한다. 상품지식 필요

셋째, 상품의 특징을 해당 고객과 매칭시켜서 이익으로 표현할 수 있어야 한다. 상품표현력 필요

고객이 상품을 구매하는 것은 내게 이익이 있기 때문이다.

돈 주고 살 수 있는 좋은 것들이 많다. 다들 자기네 상품이 좋다고 유혹한다. 단순히 '이건 이래요', '이건 좋은 거예요', '이건 할인율이 높아요'라고 설명하지 말자. 해당 고객이 이 상품을 꼭 사야 하는 이유를 찾아 말하라. 그고객의 니즈에 맞게 상품의 이익을 매력적으로 표현하라.

한 번에 한 가지씩 순차적으로 얘기하라

상품에 대한 학습이 충분히 돼있다. 어떻게 팔아야 할지 스스로 고민한 내용이 많다. 그러면 우리는 고객에게 하고 싶은 말이 많아진다. 한 번에 다 얘기하는 것은 하수下手다. 한 번에 여러 가지를 얘기하면 고객은 하나도 기억하지 못한다.

고객과의 대화 흐름을 파악하라. 고객이 가장 끌릴 만한 이익을 하나만 얘기하고, 고객의 반응을 살펴라. 그 맥락에 대응하면서 다른 이익들을 하나씩 순차적으로 말하라. 대화 가운데 고객의 미세한 반응을 놓치지 말라. 절대 내가 먼저 서두르면 안 된다.

고객이 '이 정도면 괜찮은데?'라는 반응을 보이는 시점이 오면 얼마나 많은 사람들이 이 상품을 좋아하는지 사회적 증거를 제시하라. 이미 구매한 고객들의 좋은 평가를 활용하면 된다.

컬러를 공부하고 상품추천 시 활용하라

옷을 이루는 3요소는 '소재, 디테일디자인 , 컬러'다. 컬러가 제일 먼저 눈에 들어온다. 그 뒤에 상품을 자세히 보게 된다. '컬러 → 디테일디자인 이나 소재'로 시선이 옮겨가는 것이 일반적이다.

의류뿐만 아니라 화장품, 심지어 식음료 상품에 있어서도 컬러를 아는 것은 중요하다. 컬러를 알면 고객과 매칭되는 상품 추천이 쉬워진다. 고객의 취향에 따라 맞춤 컬러를 추천할 수 있다.

의류나 화장품의 경우 컬러는 얼굴빛에 직접 영향을 준다. 특정 컬러가 내 피부를 환하게 또는 칙칙하게 보이게도 한다. 그냥 볼 때와 직접 입거나 발랐을 때 상품 매력도가 달라지는 것은 이 때문이다.

컬러 선호도는 고객 취향이다. 기분이나 상황(T.P.O: Time시간, Place장소, Occasion특별한 때에 따라 의도적으로 선택되기도 한다. 컬러에 대한 기본 지식이 있으면 고객 취향이나 상황에 따라서 보다 전문적으로 상품을 추천할 수 있다.

패션 상품 매장에서는 종종 '고객님은 빨간색이 잘 어울리세요', '고객님은 파란색이 잘 어울리세요'라고 말하는 현장을 목격한다. 틀린 말은 아니지만 베스트 컬러가장 잘 어울리는 색보다 어울리는 컬러 톤tone을 아는 것이 중요하다. 베스트 컬러로 한정 지으면 상품 선택의 폭이 너무 좁아지기 때문이다.

상품을 볼 때 알아야 할 컬러 톤은 크게 '따뜻한 컬러'와 '차가운 컬러'다. 두 가지 컬러 톤 중 상대적으로 내게 더 잘 어울리는 것이 있다. 이것은 그 사람의 피부색과 연관된다. 그 사람이 풍기는 전반적인 분위기와도 연결된다.

의류의 상의上衣 컬러나 얼굴에 직접 바르는 화장품은 얼굴빛에 직접 영향을 미친다. 컬러가 빛에 반사돼 얼굴에 비치기 때문이다. 어떤 색은 얼굴에 더 생기를 돌게 한다. 어떤 색은 피부가 더 칙칙하게 보이게도 한다. 우리 매장에서 판매 중인 상품의 컬러 톤과 고객에게 어울리는 컬러 톤을 알면 판매에 도움이 된다.

컬러마다 고유하게 가진 '느낌'도 있다. 오렌지 컬러를 보면 밝고 통통 튀는 느낌이 든다. 블랙 컬러를 보면 뭔가 격식 있고, 정제된, 가라앉은 느낌이 든다.

컬러마다 이미 정례화된 사회적 관념도 있다. 비즈니스 자리의 컬러는 블랙, 네이비, 그레이 컬러 등이다. 나들이나 데이트 때 어울리는 컬러는 핑크, 그린, 레드, 옐로우 컬러 등이다.

인터넷 정보와 시중 도서 중 '퍼스널 컬러'를 검색하면 화장품, 의류 등을 판매하는 매장에서는 많은 도움을 받을 수 있다. 컬러 관련 정보들은 모든 업종에서 일반적으로 적용할 수 있는 내용이다.

Plus-Tip. 퍼스널 컬러

퍼스널 컬러는 자신이 가지고 있는 신체 색과 조화를 이뤄 생기가 돌고 활기차 보이도록 하는 개개인의 컬러다. 퍼스널 컬러는 신체 색과 조화를 이룰 때 얼굴에 생기가 돌고 활기차 보이나, 맞지 않을 때는 피부 결이 거칠어 보이고, 투명 감이 사라져 피부의 결점만이 드러나게 된다. 따라서 자신의 신체 색을 아는 것은 이미지 관리를 위해 효과적인 방법이 된다. 미국, 일본, 유럽 등에서 4계절의 이미지에 비유해 신체 색을 분류하는 방법을 활용하고 있다. 즉, 봄, 여름, 가을, 겨울의 이미지에서 보이는 색채를 이용해 개인의 개성 있는 이미지를 연출한다.[12]

퍼스널 컬러는 기본적으로 따뜻한 컬러와 차가운 컬러로 구분한다. 더 세분화해 봄, 여름, 가을, 겨울 컬러로 나뉜다. 이 중 봄/가을 컬러가 따뜻한 컬러고, 여름/겨울 컬러가 차가운 컬러다. 각 사람의 피부 톤을 사계절로 진단할 수 있고, 각각에 잘 어울리는 고유의 컬러 톤이 정해져 있다는 것이 퍼스널 컬러의 기본 내용이다.

색상빨강, 파랑, 초록 등이 아니라 톤따뜻한 빨강, 차가운 빨강 등의 구분이 퍼스널 컬러의 핵심이다. 빨간색은 톤에 따라 봄 빨강, 여름 빨강, 가을 빨강, 겨울 빨강이 있다. 어떤 고객은 빨간색이 어울리고 파란색이 안 어울리고로 접근하는 것이 아니다. 따뜻한 빨강이 어울리고, 차가운 빨강이 어울리고의 차이로 보는 것이다.

물론 베스트 컬러의 개념도 있다. 어울리는 컬러 톤 중에서도 특별히 그 사람에

---

12) 박연선, 《색채용어사전》, 도서출판 예림(2007) 참조

게 잘 어울리는 베스트 컬러색상를 구분할 수 있다. 하지만 이를 판매에 연결하기에는 매장에서 보유하고 있는 상품의 컬러가 너무 한정적이다. 톤의 개념을 활용해 우리 매장에서 보유한 상품과 고객에게 어울리는 컬러를 매칭하면 된다.

피부에 직접 바르는 색조 화장품은 퍼스널 컬러가 가장 잘 활용되고 있는 분야다. 아예 상품 제조 때부터 제품군을 웜톤Warm-Tone과 쿨톤Cool-Tone으로 분류하는 경우도 있다.

해당 매장에 가면 이 퍼스널 컬러를 기준으로 본인에게 맞는 최적의 컬러를 찾아준다. 그리고 이에 맞는 제품을 추천해 준다. 제대로 진단하고 추천받은 립스틱, 아이섀도 같은 색조 화장품은 화사하게 잘 어울린다.

07

고객의 구매 심리를 조종한다

판매는 클로징이 중요하다. 응대를 아무리 잘해도 고객으로부터 최종 구매 결정을 받아내지 못하면 말짱 도루묵이다.

고객이 결정 못 하는 이유를 파악하라

고객이 최종 구매 결정을 못 하고 망설이는 경우가 있다. 이때 고객이 결정 못 하는 이유를 파악하고 해결해주어야 한다.

고객이 최종 구매 결정을 못 하는 이유는 크게 두 가지다. 복수 상품을 두고 어떤 것으로 할지 고민하는 경우와 마음에 들기는 하는데 부분적으로 마음에 걸리는 것이 있는 경우다. 고객에게 어떤 부분인지 정확히 물어보고 다음의 방법을 활용하자.

최종 선택지는 2~3개 상품으로 축약 제시하라

최종 선택의 순간에는 고객에게 2~3개의 선택지만 주는 것이 좋다. 응대 과정에서는 고객이 입고 싶어 하는 만큼 충분히 입어보게 한다. 충분히 설명해주어야 한다.

하지만 최종 결정의 순간에는 선택지를 줄여서 제시하는 것이 좋다. 너무 많은 선택지는 오히려 고객을 힘들게 하기 때문이다. 망설이다 구매를 포기하는 때도 있다. 최종 2~3개 정도의 안으로 압축해주는 것이 제일 좋다.

고객이 구매과정 중 마음에 들어 했던 상품을 기억하고 그중 잘 어울렸던 것을 떠올려보라. 그중에 최종 2~3개 정도의 선택지를 제시하라. 그렇게 제안하는 이유를 설명하라. 고객에게 이유를 제시해야 설득력이 높아진다. '이 상품들은 이런 이유로 가장 잘 어울리니 이 중에 고르는 것이 좋을 것 같아요'라고 하면 고객이 훨씬 선택하기 쉬워진다.

2개의 안을 제시하면 우유부단한 고객이 선택하기에 가장 좋다. 가격대 차이가 있는 경우 3개 정도의 안을 제시하면 된다. 고객은 주로 중간 가격대의 상품을 적당하다고 생각하며 선택하는 경우가 많다. 상황에 따라 이 부분도 활용하면 된다.

고객이 마음에 걸려 하는 부분을 해결하라

마음에 들긴 하는데 뭔가 애매한 부분이 있다면 우리가 해결해주면 구매

한다. 의류의 경우 전체적으로 잘 맞는데, 허리 부분만 작다면 한 사이즈 큰 상품을 권하기보다 허리 늘림 수선을 할 수 있다는 부분을 설명하라.

마음에 드는 색상은 밝은 색이지만 오염 등의 염려가 너무 크다면 유사한 절충 컬러를 제안하라. 어떤 방법으로든 고객이 염려하는 부분에 대해 해결을 해주어야 고객이 명쾌하게 선택할 수 있다.

신발의 경우 발 볼이 넓은 고객은 한 사이즈 큰 것이나 발 볼이 넓은 디자인의 상품으로 대안 제시를 할 수 있다. 발 볼 부분만 사이즈를 늘려서 보완해줄 수도 있다.

식음료 상품도 마찬가지다. 스타벅스에서 라떼를 주문할 때 우유를 못 먹는 고객은 두유로 바꿀 수 있다. 쌀국수를 파는 매장에서도 강한 향신료 향을 싫어하는 고객이 있으면 특정한 재료를 빼고 주문을 할 수 있다. 요즘 많은 카페에서는 고객이 음료의 당도를 직접 결정하게 하기도 한다.

고객이 직접 선택하게 하라

고객의 구매 과정을 돕더라도 최종 구매 결정은 고객이 하게 해야 한다. 본인이 선택해야 후회가 없고, 반품이나 환불이 덜 들어온다. 구매 과정에서 본인의 주도권이 있다고 느껴야 선택 만족도 또한 커진다.

때로는 정확하게 결정해줘라

그러나 종종 최종 결정을 못 하는 고객이 있다. 결정을 잘 못 하는 성향일 수도 있다. 불안하기 때문에 누군가 대신 결정해주길 원할 수도 있다. 이런 우유부단한 고객이 생각보다 많다. 이럴 때는 잠정적인 결정까지도 도와주면 된다. 하지만 티 안 나게, 마치 고객이 선택한 것처럼 보이는 것이 중요하다.

고객이 최종 고민하는 상품을 확인하라. 고객에게 어떤 구매 목적과 기준이 있는지 다시 점검하라. 이 과정을 통해 고객도 자기 기준이 더 명확해질 수 있다. 그런 다음 베스트 안을 고르면 된다.

'~한 이유로 저는 이 상품이 좋을 것 같습니다. 고객님 생각은 어떠세요?'라고 제안하라.
'네, 그것으로 할게요!' 당연히 최종 선택은 고객이 하게 한다.

누군가 대신 결정을 해주는 셈이지만 고객은 본인이 선택하는 것처럼 느껴야 한다. 그래야 마음도 편하고, 본인이 주도권을 행사했다고 생각하며 구매를 확정한다.

Plus-Tip. 응대 중 고객이 기다려야 할 때

예전에는 대중교통을 기다리는 일이 참 힘들었다. 지하철은 그나마 시간이 일정하지만, 배차 간격이 큰 버스의 경우는 난감했다. 잠시 자리를 비운 사이 버스가 지나갈까 봐 그 자리를 떠나지 못했다. 언제 올지 모르고 기다리는 막연함이 사람을 힘들게 한다. 그것은 불안함, 지루함을 더한다.

매장에서는 중간중간 고객이 대기하는 순간이 생긴다. 고객이 문을 열고 매장에 들어섰을 때 매장 직원 모두가 다른 용무 중이면 그렇다. 다른 고객이 불러서 나를 응대하던 직원이 갑자기 자리를 떠나도 그렇다. 직원이 창고에 물건을 가지러 갈 때, 즉시 수선 등을 할 때도 마찬가지다.

이때 고객의 마음을 헤아려야 한다. 기다림의 시간은 실제보다 훨씬 길게 느껴진다. 모든 게 즉시 이루어지는 시대라 사람들은 막연한 기다림을 싫어한다. 막연한 기다림을 예상 가능한 기다림으로 바꾸는 것만으로도 고객의 불안함과 지루함은 한결 줄어든다.

고객이 대기하는 순간이 있다면 대기시간을 구체적으로 안내해야 한다. 시간이 더 길어질 것 같으면 중간에 재차 안내해야 한다. 입점 시 통화 중이거나 다른 고객을 응대 중이면 맞이 인사 후, 잠시만 기다려 달라고 꼭 양해를 구하자. 통화 중이라면 눈인사를 먼저 하고 고객을 안심시켜라.

중간에 다른 고객을 응대하러 가야 한다면 '잠시 도와드린 후 다시 오겠습니다'

하고 안내 후 자리를 떠나라. 창고가 멀거나 즉시 수선을 해야 한다면 대략 어느 정도의 시간이 걸릴지 구체적으로 안내하자. 간단한 안내로 고객의 불안감을 줄일 수 있다. 고객은 시간이 예상되니 조급한 마음이 사라진다. 고객을 휴식 공간 소파 등에 앉히고 맛있는 차를 대접하라. 마음의 여유를 갖게 하면 한결 지루함이 덜하다.

Plus-Tip. 패션 상품 매장에서 거울과 피팅룸 잘 활용하기

상품을 잘 연출해 진열하면 구매 욕구를 일으킨다. 판매가 잘된다. 신발, 의류 같은 패션 상품의 경우 매장 내 거울과 피팅룸을 잘 활용해야 판매 성공률을 높일 수 있다.

패션 상품을 시착하게 하는 가장 큰 이유는 구매를 촉진하기 위해서다. 옷이 평면적으로 걸려있을 때와 입체적으로 입었을 때 다르기 때문이다. 백 마디 말보다 한번 보여주는 시각적인 효과가 크다.

고객은 본인에게 딱 맞는, 어울리는 상품을 입었을 때 구매 확신이 든다. 그래서 잘 팔기 위해서는 거울과 피팅룸을 잘 활용해야 한다. 하지만 고객이 선뜻 피팅룸으로 가기는 어렵다. 왠지 입으면 사야 할 것 같고, 갈아입기 번거롭기 때문이다. 더운 여름에는 땀이 나서, 겨울에는 겹겹이 껴입고 있는 옷이 많아 벗기 힘들다.

손쉽게 먼저 공략할 수 있는 것이 거울이다. 피팅룸에 가는 것에 비하면 거울 앞으로 가는 일은 고객의 심리적 부담이 덜하다. 옷을 여러 겹 입고 있거나 귀찮아서 시착을 거부할 때도 있다. 이럴 때는 먼저 거울 앞에 데려가는 것이 좋다. 몸에 옷을 이리저리 대보고 본인과 어울리는지 확인하면 입어보고 싶은 마음이 더 커진다. 전신거울의 위치가 주로 피팅룸 앞 또는 그 인근에 있기 때문에 일단 거울 앞으로 가면 피팅룸으로 가기에 물리적으로도 한결 쉬워진다.

거울 앞으로 고객을 데리고 가는 것도 기술이 필요하다. 무작정 '거울에 한번 비춰보세요'보다는 '너무 예쁜 컬러를 고르셨네요. 안목이 대단하세요. 피부톤과도 잘 어울리는데 잠시 이쪽으로 와보시겠어요? 거울 한번 보세요!'라고 자연스럽게 유도하는 것이 좋다.

고객이 거울 앞에 섰다면 고객의 표정을 읽어야 한다. '음, 괜찮은데……'라는 표정이거나 살짝 웃고 있다면 상품이 마음에 든다는 뜻으로 해석해도 좋다. 이때 고객과 해당 상품의 어떤 부분이 잘 어울리는지 구체적으로 얘기해줘야 한다. 그 상품을 고른 고객의 안목이나 옷맵시를 덧붙여 칭찬하면 좋다.

거울까지 성공적으로 갔다면 반드시 피팅룸으로 가는 것을 권하라. 구매 욕구를 조금 더 높이는 것이 필요하기 때문이다. 이때도 피팅룸으로 가기를 망설이는 고객이 있다. 왠지 사야 하는 부담감이 생길까 봐 그럴 수도 있고, 상품 자체가 마음에 안 들어서 그럴 수도 있다. 어떤 이유인지 빨리 파악해야 한다. 전자라면 '안 사셔도 되니까 부담 없이 입어보세요' 하면 되고, 후자라면 '다른 제품도 많으니 천천히 더 둘러보세요' 하면 된다.

고객이 피팅룸에서 시착하고 나올 때는, 반드시 피팅룸 앞에서 대기해야 한다. 갈 아입고 나온 옷은 고객의 몸에 딱 맞게 조정해주어야 하기 때문이다. 허리둘레, 바지의 밑단 길이, 상의의 소매 길이를 몸에 딱 맞게 잡아야 내 몸에 딱 맞게 옷맵시가 난다.

이때도 거울을 보는 고객의 반응을 빨리 알아채야 한다. 만족스러운 표정을 짓는다면 고객의 옷맵시를 칭찬하라. 옷의 특장점을 고객과 연관 지어 얘기해주면 된다. 고개를 절레절레 흔들거나 표정이 어둡다. 그렇다면 '어떠세요?'라고 고객의 의견을 물어라. 고객이 애매해 하는 부분에 대해 대응하면 된다. 같은 스타일 다른 컬러가 있다면 '다른 컬러도 있습니다'라거나 디자인 중 특정 부위가 맘에 안 든다고 하면 수선이 가능한 부분을 얘기해주는 것이 좋다.

고객이 원하는 바에 따라 다른 디자인을 추천해도 된다. 고객의 무표정이나 무대답은 거부반응이 아니다. 섣부르게 고객의 마음을 짐작할 필요는 없다. 고객의 생각을 정확하게 알고 대응하는 것이 중요하다.

08

돈 쓰는 순간에도 기쁨을 준다

고객은 아직 끝난 게 아니다

고객이 구매 결정을 하는 순간 우리는 긴장을 푼다. 직전까지 팔기 위해 사투死鬪했기 때문이다. 우리는 홀가분 하지만 고객은 끝이 아니다. 고객은 결제하면서, 집에 돌아가서도 계속 고민한다. 표면적인 구매 결정이 끝났다고 계산대에 고객을 휙 던져놓고 가서는 안 되는 이유다.

응대한 직원이 직접 계산을 한다면 첫 마음 그대로 마지막 순간까지 응대하면 된다. 계산하는 직원이 따로 있다면 계산이 끝나기까지 꼭 옆에서 기다리자. 혹시 그사이 다른 고객에게 가야 한다거나 다른 용무가 있으면 '마지막까지 응대하지 못해 죄송합니다. 잘 사용하시고, 또 뵙겠습니다'라고 정중히 양해를 구해야 한다.

음식점도 마찬가지다. 한 음식점에서는 계산 시 주방장이 직접 나와 본인 소개를 하며 배웅했다. 고객으로서는 뭔가 더 귀하게 대접받은 기분이 들면서 구매에 대한 만족도가 높아진다. 구매를 확정 지었거나 서비스의 주요 과정이 지나더라도 전체 구매 과정이 끝난 것이 아니므로 마지막 순간까지 정성을 다해야 한다.

매장을 통해 영업하는 프랜차이즈 본사에서 이용 고객을 대상으로 고객 만족도 조사를 많이 해봤다. 고객이 매장에서 공통으로 느끼는 섭섭한 포인트가 몇 가지 있었다. 구매 결정 직후 변하는 매장 직원의 태도도 다섯 손가락에 안에 들었다. 구매 결정 전까지는 간도 쓸개도 빼줄 듯하다가 사겠다고 결정하는 순간 대충 응대한다는 것이다. 고객들은 이 순간에 대해 '마치 나를 물건과 함께 계산대에 던져두고 가는 것 같았어요'라고 표현했다. 고객이 매장 문을 나서는 순간까지 끝이 아니다.

고객의 선택을 칭찬하라

계산할 때 고객의 선택을 지지하고 칭찬해야 한다. 고객은 집에 가서도 잘 샀나 못 샀나 고민한다. 원래 사람 마음이 그렇다. 주변 사람들에게 어떠냐고 물어봤을 때 모두가 잘 어울린다고 하면 다행이다. 하지만 별로라고 하면 다시 환불이나 취소를 한다. 본인 선택이 옳았고, 만족스러운 구매를 했다는 확신을 받지 못했기 때문이다.

계산할 때 고객의 구매 결정을 반드시 칭찬해야 한다. 누군가가 정말 잘 샀다는 얘기를 해주면 일단 기분이 좋고 돈을 잘 썼다는 안도감이 든다.

- '이 컬러가 아무나 어울리는 컬러가 아닌데, 고객님 피부색과 너무 잘 어울리네요!'
- '이 디자인은 멋쟁이들이 주로 고르는데, 안목이 대단하시네요. 고객님이 입었을 때 참 잘 어울린다 생각했습니다!'
- '저는 피부가 까매서 이런 컬러를 못 입는데, 고객님은 피부가 어쩜 이리 고와요? 진짜 부럽습니다.'

칭찬은 이렇게 구체적으로 해야 한다. 좋은 상품을 고른 안목을 칭찬한다. 고객의 외모나 옷맵시를 자연스럽게 덧붙여 칭찬하면 된다.

상품을 꼼꼼히 확인해 포장하고, 제품관리법을 알려주라

쇼핑하고 돌아와서 짜증 날 때가 있다. 실컷 돈을 쓰고 왔는데 가져온 제품에 하자가 있을 때다. 창고에서 바로 꺼내주는 물건은 요청한 사이즈와 실제 받아온 것이 다를 때도 있다.

백화점 내, 화장품 매장에서는 계산 단계 응대를 참 잘한다. 벤치마킹할 만하다.

핑크계열 810번 립스틱을 골랐다고 하자. 구매 시 새 상품을 꺼내주게 되는데, 먼저 직원은 새 상품의 박스에 적힌 컬러 색상 번호를 가리키며 고객에게 확인해준다.

'고객님, 고르신 핑크계열 810번입니다.'

그리고 제품 케이스 뚜껑을 열어 '색상도 맞지요? 확인해보세요!'라고 정확히 보여준다. 립스틱 같은 색조 화장품은 사용 후 교환과 반품을 할 수 없다. 그래서 이런 정확한 확인 과정을 거치면 서로가 명쾌하다. 확인 과정에서 혹 불량이 있거나 제조상의 문제가 있더라도 바로 조치할 수 있다.

고객이 요청하든 안 하든 계산할 때 제품 상태를 꼼꼼히 확인시켜 줘야 한다. 얼룩이나 불량이 있다면 즉시 조치하라. 사이즈도 정확한지 다시 한 번 확인하라.

언젠가 티셔츠 등 필요한 의류를 사기 위해 백화점에 갔다. 필요했던 아이템이 명확했던지라 한 매장에서 20분 만에 5벌을 구매했다. 디자인도 예쁘고 가격도 괜찮았기 때문이다.

계산을 하는 매장 직원에게 얘기했다.
"교환하러 오려면 번거로우니 혹시 불량이나 얼룩이 없는지 꼼꼼히 확인 부탁합니다."
"네, 그럼요. 당연하지요."

잘나가는 매장의 탄생

최종 물건을 받으며 다시 한번 물었다.

"이상 없지요?"

"네, 물론입니다."

다음 날 제품을 착용하고 외출하려는 순간 티셔츠에 얼룩이 보였다. 바지는 밑단 박음질이 미세하게 끊겨 세탁하면 나머지 바느질이 다 뜯길 것 같았다. 영수증을 찾아 바로 매장에 전화했다. 재고가 하나밖에 없어서 그 정도면 입을 수 있을 것 같아 그냥 넣었다고 했다. 택배로 전체 상품을 반품하고 환불을 받았다. 그리고 다시는 그 매장을 가지 않는다.

판매한 상품을 고객에게 건네줄 때는 확인을 잘해야 한다. 대부분 제품 입고 시 확인을 하지만 매장에 있으면 추가로 오염이나 불량이 생기기도 한다. 티셔츠처럼 개별포장 돼있는 제품은 계산 단계에서라도 반드시 비닐을 벗기고 꼼꼼히 확인해야 한다. 그래야 뒤탈이 없다. 꼼꼼히 확인하는 행동 자체에 고객의 신뢰도 높아진다.

제품을 확인하면서 자연스럽게 제품관리법을 설명해주는 것이 좋다. 주의사항 라벨 등을 보여주면서 하면 된다. 기본 소재라면 관리법을 간단히 상기시킨다. 특수소재라면 그 소재에 해당하는 방법을 정확히 알려줘야 한다. 특히 이염다른 제품에 색이 번져 묻어나는 것 주의나 손세탁 안내는 판매 시 꼭 해야 한다.

제품관리 안내는 우리 매장을 더 전문가로 기억시킨다. 고객이 제품관리를 잘못해서 불만이 생기거나 클레임이 들어오는 것을 예방할 수도 있다.

고객 이익을 내 것처럼 챙겨라

고객 혜택을 꼼꼼히 챙겨줘야 한다. 브랜드 매장이라면 마일리지 포인트를 확인하고 사용할 수 있게 한다. 현재 진행 중인 프로모션에 해당하는 상품 또는 고객인지 확인하고 고객 이익을 챙겨라.

식음료 매장에 가면 직원들의 응대에 이런 부분이 습관화돼 있다. 고객이 모르고 각각의 단품 메뉴를 시킬 때 직원이 세트상품으로 묶어서 패키지 할인을 받게 해준다. 차액이 얼마 나지 않더라도 고객은 기분이 좋아지고 돈도 아낄 수 있으니 이득이다. 나를 챙겨준다는 느낌이 들면 더 호감이 가고 그 매장을 신뢰하게 된다.

얼마 전 유명 쇼핑센터에서 바지를 구매했다. 정기 세일 기간이 아닌데도 그날만 특별히 할인가에 판매하는 상품들이 있었다. 그 할인 상품을 포함해 3가지를 골랐다. 계산하고 쇼핑센터를 떠나기 전, 주차장에서 습관적으로 영수증을 확인했다. 그런데 할인가로 판매되는 줄 알았던 바지가 정상가격으로 결제돼 있었다.

내가 여러 상품을 구경하느라 착각했나? 하지만 분명히 가격 대비 괜찮다고 생각하고 골랐기에 착각은 아닌 것 같았다. 한참을 떠나지 못하고 고민하다가 다시 그 매장으로 돌아갔다. 여전히 진열된 동일 상품의 가격 태그를 확인했는데 태그 자체가 아예 일시 할인하는 가격으로 붙어 있었다. 매장에 따져 묻자 그제야 착각했다며 차액을 환불해 주었다. 정말 불쾌한 경험이었다. 모를 거라 생각하며 나를 속인 그 매장을 다시는 가지 않는다.

브랜드 본사에 있다 보니, 수시로 이렇게 가격 장난을 치는 매장들을 본다. 할인율이 이미 적용된 상품인데 고객이 모르면 원래 가격을 다 받는 매장들이 있다.

본사에서 제공한 특별 프로모션이나 현금처럼 사용할 수 있는 마일리지로 할인을 받을 수 있는 고객이 온다. 고객이 그 사실을 모르면 알면서도 모른 체하는 매장이 있다. 특히 마일리지는 보통 본사와 매장이 분담하는 비용이 각각 있다. 이것이 아까워 단골을 우롱하거나 단골로 만들 기회를 놓치는 경우가 많다.

정반대인 매장도 있다. 판매 시점에는 마일리지 보유 고객인지 몰랐지만 뒤늦게라도 발견할 경우, 고객에게 먼저 연락해서까지 이익을 챙겨준다. 재결제를 해주거나 마일리지 금액만큼 환급해 계좌이체를 해주기도 한다.

매장이 혼잡하고 바쁘면 판매 시점에 일일이 고객 혜택을 확인하지 못하는 경우가 있다. 하지만 고객이 설사 모르더라도 혜택을 받을 수 있는 부분이 있다면 잘 챙겨줘야 한다. 그런 매장을 고객은 진심으로 신뢰하게 될 것이다.

A브랜드의 한 매장은 매일 매출 마감을 할 때 그날의 결제 건들을 일일이 확인한다. 마일리지를 보유한 고객이 혹시라도 계산 시 미처 사용을 못 했다면 돌려주기 위해서다. 그런 내용이 발견되면, 즉시 고객 계좌로 그 마일리지 만큼의 현금을 보내준다. 당연히 고객들의 충성도가 높을 수밖에 없다.

월별로 생일 마일리지, 개인별 적립 마일리지를 확인해 고객에게 일일이 알려주는 매장도 많다. 마일리지는 기간 내에 쓰지 않으면 소멸된다. 그래서 수시로 고객의 잔여 마일리지나 프로모션을 확인하면서 고객에게 안내해주는 것이다.

이것은 고객이 기간 내 입점해야 할 이유가 된다. 입점하면 매장에서는 판매의 기회가 된다. 고객에게 매장에서 나를 잘 챙겨준다는 느낌을 줄 수 있고, 우리 매장을 정확하게 기억하게 한다.

고객이 당장 입을 옷이라면 정성스럽게 다려주어라

셔츠나 구김이 잘 가는 상품은 포장 단계에서 세탁 없이 바로 입을 것인지 고객에게 확인하면 좋다. 당장 입을 셔츠나 바지류 등은 쇼핑백에 담아주면 다시 주름이 가서 바로 입지 못하는 경우가 많다.

'바로 입으실 거면 다시 한번 다려 드릴까요?'라고 물어라. 매장에는 주름을 쉽게 펼 수 있는 스팀다리미가 있다. 바로 입을 옷은 다시 한번 다려서 옷걸이에 건 채로 구겨지지 않게 건네준다. 이런 응대 시 고객의 만족도가 높다.

떠나기 아쉽게 만든다

매장 브랜딩을 실행하고, 고객에게 도움되는 정보를 준다

고객과 헤어지는 순간엔 무엇을 해야 할까? 우리 매장을 정확하게 기억시켜야 한다. 계산 후에는 반드시 응대한 사람의 명함을 건네라. 시즌 제품 안내서 리플릿, 카탈로그 등를 함께 전달하는 것도 좋다.

구매하지 않고 나가는 고객은 원하는 상품이 없어서 그런지 다른 만족을 주지 못한 것인지 파악하는 것이 필요하다. 가능하면 미구매고객도 고객정보를 확보하라. 향후 고객에게 도움이 되는 정보를 전달한다면 다시 한 번 입점 계기를 만들 수 있다.

애인과 헤어지는 아쉬운 마음으로 문밖 배웅을 한다

구매 여부와 상관없이 고객을 매장에서 떠나보내는 것에 신경 써야 한다. 고객이 들어올 때는 버선발로 뛰어나가라. 나갈 때는 사랑하는 가족이나 친구와 헤어지는 아쉬운 마음을 표현하라. 매장의 크기와 상황에 따라 다르지만, 고객 배웅 원칙은 문밖까지 나가는 것이다. 구매하든 안 하든 같다. 이렇게 몸소 보여주는 행동은 고객에게 강한 이미지로 남는다.

구매고객은 구매한 상품을 직접 들어주고 문밖까지 따라 나가서 전달하라. 구매하지 않았더라도 출입문을 열어주거나 출입문까지 따라 나가 '다음에 또 뵙겠다'는 표현을 해야 한다. 고객이 나갔다고 바로 휙 들어오지 말고 가는 뒷모습을 5초 정도는 바라보다가 들어온다.

요즘은 계산대를 사이에 두고 쇼핑백 건네는 것으로 배웅을 마치는 경우가 많다. 바빠서 문밖 배웅을 못 할 상황이라면 반드시 계산대 앞으로는 나와서 쇼핑백을 건네고, 출입문까지 나가지 못해 죄송하다는 표현을 해야 한다.

자꾸 생각나 또 찾게 한다

우리 매장을 잊지 않도록 지속적인 접촉점 만들기

고객이 우리 매장에 오지 않는 공백 기간에도 접촉해야 한다. 고객은 우리 매장이 싫어서가 아니라 기억하지 못해서 오지 않는다. 직접 만나지 않는 순간에도 수시로 문자메시지나 카카오톡 등을 통해 구매한 상품 정보나 패션 정보를 전달할 수 있다.

본사가 있는 매장은 본사에서 진행되는 프로모션을 전달해도 좋다. 문자 메시지를 통해 일괄적으로 가격할인 정보 등을 보내는 경우가 많은데 이런 접촉은 고객에게 스팸 메시지로 인식되기 쉽다.

매장 차원에서 개인적인 메시지로 정보를 전하라. 가끔은 개인적인 안부를 묻거나 관심을 표현해야 스팸 메시지로 분류되지 않는다.

고객에게 접촉하는 적극적인 방법은 직접 전화를 하는 것이다. 이것을 TM이라고 한다. TM은 시작의 두려움이 크다. 우리도 하루에 몇 통씩 각종 판매 안내 전화를 받기 때문이다. 내 전화도 고객에게 상업적으로 인식되지 않을까, 고객이 거부반응을 보이지 않을까 걱정한다.

염려대로 TM 자체를 아주 싫어하거나 거부하는 고객들도 있다. 그래서 어떻게 효과적으로 TM을 할지 우리 매장만의 전략이 필요하다. 기본적으로 전화할 주제를 정하라. 주제에 적절한 고객 분류를 해야 한다. 생일을 축하하거나, 사용되지 않은 마일리지를 안내할 수 있다. 고객이 내용을 들었을 때 '나에게 도움이 되는 정보를 주려는구나' 느낄 수 있으면 된다. 확실한 메시지가 있으면 매장에서도 부담이 덜하다. 도움되는 전화를 줘서 고맙다고 반응하는 고객도 있다.

상품을 구매한 고객에게는 정성스럽게 손편지를 쓰는 것이 좋다. 디지털화되는 시대일수록 사람들은 아날로그 감성을 회복하고자 하는 마음이 크다. 정장을 구매한 후 수선을 맡겼다면, 며칠 뒤 고객이 찾으러 올 때 손편지를 함께 건네라. 구매에 대한 감사한 마음과 상품의 관리법, 향후 정성껏 관계를 유지하겠다는 내용까지 담기면 된다.

전자제품이나 다른 아이템도 마찬가지다. 손편지에 구매에 대한 감사의 마음과 함께 고객이 더 잘 사용할 수 있도록 안내법이나 A/S 등에 대한 안내를 다시 한번 하면 된다. 직접 써야 하는 수고가 드는 만큼 다른 방법보다 효과가 좋다.

소중한 고객님께만 특별한 혜택을 드립니다

고객이 또 우리 매장을 꼭 오게 하려면 꼭 와야만 하는 이유를 만들어야 한다. 구매한 고객에 한해 다음 구매 시 특별혜택을 받을 수 있는 쿠폰을 전달하는 것도 좋은 방법이다. 쿠폰은 아이템에 따라 적절한 사용 기한을 설정해야 효과적이다.

보통 식음료 상품의 경우 1개월 이내면 적당하다. 의류 상품의 경우 2~3달 정도의 기간을 설정하는 것이 좋다. 판매 아이템에 따라 구매 주기가 다르다. 사용 기한이 너무 짧으면 재구매가 어렵고, 너무 길면 고객이 쿠폰의 존재 자체를 잊어버릴 수 있다.

쿠폰을 나누어 줬다면, 마감 기한이 임박하기 전 고객에게 재인지 시켜야 반응률이 높아진다. 문자메시지나 TM을 통해 마감 기한 1~2주 전에는 알려줘야 한다. 써야지 했는데 고객이 깜빡 잊을 수 있기 때문이다. 쿠폰은 고객의 재방문, 재구매라는 분명한 배포 목적이 있다.

요즘은 실물 없이 온라인으로 발행되는 쿠폰도 많다. 그러므로 쿠폰을 통한 반응률을 높이려면 반드시 마감 기한 안내를 해야 한다.

단독 가두점의 경우, 모든 걸 혼자 해야 한다. 입점 고객을 유치하는 것도, 단골고객을 만들기도 쉽지 않다. 고객과의 지속적인 접촉점을 통해 우리 매장을 특별하게 기억시켜야 한다. 다시 우리 매장에 올 이유를 만들어야 한다.

백화점을 비롯한 쇼핑몰, 패션 매장이 모여 있는 쇼핑타운을 보자. 여러 브랜드가 모여 있어 기본적인 집객 효과가 있다. 비용을 분담하면 공동 판촉이 가능하고, 목적 구매고객이 많아 단독 매장보다 훨씬 유리하다. 하지만 몰과 타운 내에서도 매장별 경쟁이 있으므로 매장별 활동이 필요하다. 고객이 몰에 많이 입점했다 하더라도 우리 매장에 온다는 보장은 없다. 차별화된 우리 매장의 매력과 전략이 있어야 한다.

매장에서 전화가 오면 계절이 바뀐다

계절이 변하면 사람들의 마음도 요동친다. 기온이 변하고, 왠지 모르게 감성지수가 올라간다. 추억 속 누군가가 잠시 떠오르기도 한다. 계절이 바뀔 때 고객에게 개인적인 안부를 전하라. 처음엔 다소 어색할 수 있지만 직접 해보면 어렵지 않고, 좋아하는 고객도 많다.

잘 모르는 고객에게 뜬금없이 전화하는 것은 어렵다. 그래서 구매 후 일주일 이내에 최초의 해피콜을 반드시 하고, 지속해서 관계를 유지하는 것이 중요하다.

패션 상품 매장에 오는 고객은 평균적으로 연간 2회 정도 매장을 방문해 구매한다. 개인적으로 친해지기에는 너무 빈도가 적고 공백 기간이 길다. 그래서 어떤 식으로든 고객과 자주 접촉한다면 다음 방문 시 훨씬 친근감을 줄 수 있다. 자주 고객의 안부를 묻고 진심 어린 관심을 표현하라.

Plus-Tip. 유나이티드 애로우스의 고객 응대 프로세스

어떻게 손님을 만들 것인가에 대한 유나이티드 애로우스의 생각
(유나이티드 애로우스 인사교육담당자 직접 인터뷰 발췌)

① 손님이 매장에 오시면 손님이 스스로 매장상품을 관찰하게 되고, 이때 손님이 무엇을 찾는지 생각하면서 접근 타임을 생각한다. 손님이 상품에 흥미가 있는지를 보고 적절한 접근을 하는데, 어떤 부분에 관심이 있는지 고민하면서 관찰한 정보를 바탕으로 접근한다.

② 손님의 흥미를 유발했으면 손님의 마음을 잘 읽어내는 작업을 해야 한다. 손님이 공감할 수 있는 대화를 바탕으로 제안한다. 손님이 대화 과정에서 이미지화하기 쉽도록, 샀으면 좋겠다고 연상하도록, 손님이 갖고 싶은 욕망을 불러일으키도록 정보를 제공한다. 그리고 오픈 마인드로 솔직하게 입어보시라고 말한다. 친구의 관점에서 대화하고 권해준다.

③ 손님이 생각하는 것을 알아차리고 정확하게 어드바이스하는데, 손님의 선택이 쉽도록 정리하고 도와줘야비교/검토 한다. 손님이 가진 기대를 충족했느냐가 손님이 만족했냐 못 했느냐를 결정하고, 기대를 충족시켜야 신뢰를 얻는다. 여기까지가 CS마인드인데 손님의 반응을 보면서 권해드리는 말을 하는 것, 추천하는 것이다.

우리가 영업 마인드만 가지고 있으면 이런 마인드가 성립 안 된다. 손님에게 감사하는 마음을 가져야 하는데, 손님이 지불한 대금 이상으로 어떻게 만족시킬 것인가 하는 것이 바로 감사하는 마인드다. 이렇게 하면 손님의 불만족은 있을 수 없다. 손님이 사고 싶다고 느낄 때 사면 문제가 없지만 억지로 사면 만족이 없다.

④ 손님이 결정하면 계산대에서 계산하고, 반드시 밖으로 나와서 상품을 건네고, 문밖 배웅을 하고, 모퉁이에 손님이 안 보이는 곳에 갈 때까지 인사한다.

⑤ 손님이 간 다음에는 직원끼리 손님 응대 시 있었던 내용을 공유한다. 이렇게 하니 좋아하시고, 그냥 가시고. 반드시 매장에서 고객에 대한 경험을 공유하는 것이 접객의 마지막 프로세스다.

우리 매장만의 매장경영시스템을 가져라. 매출 공식의 숫자와 숫자에서 나온 전략, 전략의 정확한 실행, 실행 결과의 분석과 재반영을 반복해서 추진하라. 이 선순환 구조가 이뤄지면 잘나가는 매장경영시스템이 된다. 주 단위로 촘촘하게 매장경영전략을 짜라. 일 단위로 강력하게 실행하고 관리하라. 실행한 결과는 반드시 리뷰하고 수정, 반영하라.

PART 4

잘나가는 매장경영시스템 3

우리 매장만의 전략 세우기

잘나가는 매장이 되려면 어떻게 해야 할까? 주요 목표는 어떻게 정하고, 그것을 달성하기 위한 실행전략은 어떻게 짜야 할까? 그것이 우리 매장에 적절한 전략인지는 어떻게 알 수 있을까?

상품, 브랜드, 상권의 특성, 타깃 고객, 매장 철학에 맞는 우리 매장만의 전략을 세우자.

판매하는 상품의 특성을 잘 반영한 전략

의류 매장과 커피전문점의 전략은 다르다. 매장이라는 공간 안에서 고객을 편하게 해야 한다는 것은 같다. 하지만 의류 매장은 전문적인 패션 코디 서비스가 있어야 한다. 편하게 맘껏 옷을 입어볼 수 있는 분위기와 공간도 중요하다. 커피숍의 경우 머무르기 편한 공간이어야 한다. 기본 음료가 맛있고, 추가 식품베이커리류 등 이나 서비스 등을 전략적으로 갖춰야 한다.

상권과 타깃 고객의 특성을 잘 반영한 전략

입점고객이 온종일 붐비는 매장이 있다. 쾌적하고 빠르게 매장을 둘러볼 수 있도록 쇼핑 동선을 짜야 한다. 고객이 구매 목적을 명확히 가지고 오는 나들목 매장이 있다. 편안하게 오래 머물면서 원하는 상품을 마음껏 고르고 입어볼 수 있어야 한다.

셀프형 매장에 익숙한 20~30대 고객이 많은 매장이다. 꼭 필요한 응대만

하고, 상품 관련 정보는 도구POP 등로 대체할 수 있다. 60대 이상의 고객, 현장에서 정보를 얻고자 하는 고객이 많은 매장이 있다. 편하고 친근하게 전문성을 가지고 1:1 밀착 응대를 해야 한다.

매장 철학과 주요 목표를 잘 반영한 전략

우리 매장의 철학과 주요 목표는 무엇인가? 예를 들어 동네 사랑방처럼 매장을 만들겠다는 경영철학이 있다. 고객이 오가며 편안하게 드나들 수 있게 하는 것이 목표다. 고객의 휴게 공간을 충분히 만들고, 다과를 늘 준비해둬야 한다. 매장의 분위기도 친근하고 편안해야 한다.

우리 매장만의 전략을 가진 곳이 별로 없다. 특히 브랜드 매장의 경우 대부분 본사에서 나오는 상품과 마케팅에 전적으로 의지한다. 같은 브랜드의 매장이 수십 개에서 수백 개에 달한다. 우리 매장만의 전략이 추가로 있어야 한다. 꼭 우리 매장에 와야 할 이유가 없으면 고객은 오지 않는다.

우리 매장의 특성을 고려해 고객을 어떻게 매장으로 끌어들일지입점전략, 어떻게 우리 매장에서 구매하게 할지응대전략, 얼마나 더 많이 사게 할지판매전략, 어떻게 우리 매장을 지속해서 기억하고 자주 와서 구매하게 할지고객전략 전략이 필요하다.

잘나가는 매장의 탄생

촘촘한 주 단위 경영전략 시스템

목표는 주 단위로 세분화해 관리한다

우리는 매장 업무를 월 단위로 하는 것에 익숙하다. 브랜드 본사에서도 월 단위로 목표를 관리하고, 마케팅 계획을 짠다. 매장 비용도 주로 월 단위로 나간다. 임대료, 직원급여, 기타 관리비 등이 그렇다. 모든 것이 월 기준에 맞춰져 있다.

하지만 잘나가는 매장은 주 단위로 촘촘하게 목표를 관리한다. 이것이 매장경영 성공의 시작이다. 주차별로 목표와 전략을 짜고 관리해야 하는 이유는 무엇일까? 월 단위로 목표관리를 하면 복불복이다. 한 달이 지나야 목표 대비 결과를 확인할 수 있고, 고민한 전략이 들어맞지 않으면 한 달 내내 고전하게 된다. 이렇게 12번이면 1년이 훌쩍 지난다.

주 단위로 목표관리를 하면 경영인과 직원들은 4배로 바빠진다. 주 단위로 목표 달성을 체크해야 한다. 하루하루 그 주의 목표 달성을 위해 발 빠르게 움직이는 구조가 만들어진다. 이번 주 목표 달성이 어려우면 다음 주에는 지난주 빠진 매출을 만회하기 위해 더 고민하고 더 많이 움직여야 한다. 매주 고민하고, 실행하게 하는 틀이 만들어진다.

4배로 바빠지는 것은 매장경영 리스크를 1/4로 감소시켜 준다. 실시간 목표 달성 상황을 체크해 대안을 만들고 실행하게 되기 때문이다. 이번 주 준비한 전략이 실패하더라도 다음 주 대안을 통해 만회할 기회가 있다.

주 단위로 촘촘한 계획을 세우고, 콘텐츠를 만든다

A매장이 있다. 브랜드 본사의 월 단위 마케팅 계획대로만 영업한다. B매장이 있다. 브랜드 본사의 마케팅 계획은 기본적으로 활용한다. 그리고 매주 B매장만의 재미있는 고객 유치전략을 세운다. 우리 매장에서 고객을 즐겁게 할 콘텐츠를 만든다. 그것으로 고객을 입점시키고, 즐겁게 만든다. 고객은 어떤 매장에 더 자주 가게 될까?

잘나가는 매장에는 재미있는 콘텐츠가 있다. 고객이 매장에 방문해야 할 이유가 있다. 매출의 시작은 '입점하는 고객'이다. 입점을 시키기 위한 전략은 고객이 흥미롭게 여길 콘텐츠 배치다. 그 콘텐츠를 많은 고객이 알 수 있도록 실시간 알려야 한다. 소식을 받고 매장에 왔을 때 그 내용을 쉽게 찾을 수 있고 제대로 경험할 수 있어야 한다.

온라인 쇼핑몰도 마찬가지다. 고객이 알아서 사러 오는 것만 기다리면 망한다. 고객을 적극적으로 불러들이는 고객 입점전략이 필요하다. 온라인에서는 입점전략으로 타임세일을 하거나 특정 아이템전을 많이 한다. 적중률이 높은 고객에게 특별할인 쿠폰을 발행해 찾아오게 만든다. 수시로 펼쳐지는 입점전략을 푸시 알람으로 고객에게 실시간 알린다.

아직도 많은 매장에서는 월 단위 전략을 세운다. 본사가 있는 프랜차이즈 매장이라면 본사에 전적으로 의존한다. 본사에서 나오는 마케팅 이벤트나 사은품을 기다린다. 본사 홍보로 고객이 우리 매장에 알아서 찾아오길 바란다. 하지만 아주 위험한 생각이다. 그렇게 오는 고객은 브랜드 고객이지 우리 매장 고객이 아니기 때문이다. 언제든 다른 매장에서 같은 상품을 살 수 있기 때문이다.

본사 전략이 대부분 월 단위인 것도 위험요소다. 전략은 적중하지 못할 때도 많기 때문이다. 본사만 믿고 있다가 예상이 빗나간다면 '이번 달 매출은 포기해야 하나?' 멘붕에 빠진다. 그리고 대책이 없다면 진짜 포기할 수밖에 없다. 그때부터 다른 전략을 고민하지만 준비하다 보면 훌쩍 1~2주가 가버린다. 해당 월의 매출을 놓칠 수밖에 없다.

주 단위로 매장경영을 한다는 것은 매월 여러 개의 전략을 가지고 영업한다는 것이다. 준비는 어렵지만, 경영 리스크가 줄어들고 성공할 가능성은 커진다. 주 단위로 전략을 짜고, 고객이 우리 매장에 와야 할 이유를 만들어야 한다. 꼭 할인 프로모션이 없더라도 시점에 적절한 전략상품을 찾아 그 주의 전략으로 활용한다. 특별한 사은품을 준비하고, 한정 기간 그 선물로 고객을 불러들여라.

- 이번 주에 고객이 우리 매장에 와야 할 이유가 있는가?
- 고객이 와서 머무르고, 즐길 수 있는 재미있는 콘텐츠가 있는가?

우리 매장의 주 단위 전략과 콘텐츠가 있으면 다음과 같은 이점이 있다.

- 남들보다 많은 무기를 가지고 경쟁할 수 있다. 전투력이 기본적으로 상승한다. 직원들의 자신감과 의지도 충만해진다.
- 주 단위 목표와 연계된 구체적인 매장 활동을 실행할 수 있다. 이를 통해 목표 달성을 위한 주차별 접근이 가능하다.
- 상황에 따른 유연하고 신속한 대처가 가능하다. 아무리 철저히 준비하더라도 실시간 변하는 시장 상황과 고객의 마음에 100% 적중할 수 없다. 이러한 전략이 적중하지 못할 때 이미 준비된 다른 대안들을 통해 신속하고 유연한 대처가 가능하다.

주 단위로 우리 매장만의 전략을 만드는 것은, 대외적인 상황을 이미 파악한 가운데 우리 매장에 가장 적절한 방법을 사전에 치열하게 준비해 판매 성공률을 높이는 아주 능동적인 매장경영방법이다.

Sub-Note. 우리 매장의 주 단위 전략 짜는 법

① 대외적인 이슈를 정리한다. 사회적, 지역적 이슈 안에 우리 매장과 고객이 존재하기 때문이다. 이슈 파악을 통해 우리 매장에서 접목할 수 있는 것이 있는지 파악한다.

② 브랜드 본사에서 선정한 전략상품과 판촉 내용을 정리한다. 본사 지시사항이 내려오기도 하는데 그 안에서 우리 매장 내용을 접목하는 것이 가장 편하고 효과적이다. 본사가 없는 단독 매장이라면 우리 매장만 생각하면 되므로, 주변 동일업종 매장의 동향을 파악해보는 것도 도움이 된다.

③ 우리 매장만의 판매 주력상품을 선정하고 그에 맞는 VM Visual Management 계획을 수립한다.

④ 우리 매장만의 판촉전략을 수립한다. 이번 주는 고객에게 어떤 매력적인 콘텐츠를 줄 것인가?

⑤ 고객관리 계획을 수립한다. 이번 주에 연락하고, 챙겨야 할 고객은 누구인가? 고객을 어떤 방법으로 매장에 오게 하고, 판매할 것인가? 이 일을 누가 어떻게 실행할 것인가?

02

강력한 일 단위 실행 시스템

실행이 답이다

매장경영의 핵심은 전략의 '실행'이다. 제대로 꾸준히 실행해야 한다. 대부분 매장은 실행이 잘 안 돼서 성공하지 못한다. 경영인의 굳은 의지가 없고, 직원들은 대부분 귀찮아한다.

매장을 경영하는 목적과 목표가 있다면 실행전략이 있어야 한다. 실행전략이 좋으면 성공할 확률이 높다. 그래서 실행전략을 짜는 데 공을 들인다. 지도map 가 좋아야 시행착오를 덜 겪는다. 바르게 빨리 나아간다.

실행전략을 세웠다면 생각을 멈추고 그때부터는 '실행'이다. 방향도 없이 무턱대고 열심히 하는 실행은 의미가 없다. 하지만 목표지점이 명확히 정해지면 발을 떼고 직접 한 걸음 한 걸음 가야 한다. 실행을 해봐야 예상치 못한 것들이 보이고 더 최적화된 방법을 찾을 수 있다.

내가 직접 움직이지 않는다면 영영 목적지에 도착하지 못한다. 실행이 없다면 보물 지도는 종잇조각에 불과하다. 실제 실행하는 사람만이 보물을 찾을 수 있다.

단계적 목표와 개인 목표를 가지고 실행하라

우리는 삶에 목표가 있다. 일상 혹은 본인 업무, 인간관계에서 각각의 목표가 있다. 평범을 측정하는 기준을 세운다면 '그냥 평범하게 사는 것'도 목표다.

- 우리 매장의 주요 목표는 무엇인가?
- 3년 뒤, 5년 뒤 목표는 무엇인가?
- 당장 올해의 목표는 무엇인가?
- 이번 달, 이번 주의 목표와 오늘의 목표는 무엇인가?

목표는 측정될 수 있어야 한다. 수치로 표현될 수 있으면 가장 좋다. 그래야 결과를 측정하고 관리할 수 있기 때문이다. 우리 매장의 목표도 숫자로 표현돼야 한다.

잘나가는 매장의 탄생

매출 공식을 다시 떠올려보자.

- 우리 매장의 입점고객 수 목표는 얼마인가?
- 그중에 몇 % 이상을 구매시키는 게 목표인가?
- 우리 매장의 총매출액 목표는 얼마인가?

목표를 잘게 쪼개는 것이 목표 달성의 지름길이다

월月 목표를 주週 목표로 나눠야 한다. 주 목표를 다시 일日 목표로 나눠야
한다.

월(月) 목표 ➔ 주(週) 목표 ➔ 일(日) 목표

막연했던 목표가 잘게 쪼개질수록 현실적으로 다가온다. 목표는 단위가
작고 촘촘할수록 실행 활동과 긴밀하게 연결된다. 매장 구성원 개인 목표
도 있어야 한다. 공동의 책임은 곧 책임자가 없는 것과 같다.

개인의 목표가 있어야 직원들이 목표 달성의 기쁨과 보람을 느낄 수 있
다. 목표 달성을 못 했을 때는 스스로 깨닫고 본인의 업무를 수정, 보완할
수도 있다. 개인 목표를 설정하는 것이 처음에는 부담스럽다. 목표가 있다
는 것은 실행 여부를 떠나 사람의 마음에 부담을 주기 때문이다. 때로는 목

표 달성률이 각자의 능력으로 느껴지기도 한다. 목표를 알면서도 노력하지 않으면 뭔가 마음이 불편하다.

목표 달성을 못 하면 자존심이 상할 수도 있으므로 사람들은 목표 설정을 두려워한다. 개인 목표를 설정하려는 순간 직원들의 강력한 반발에 부딪힐 것이다. 하지만 개인 목표 부여와 관리는 우리 매장의 성과에 큰 영향을 준다.

개인 목표가 생기면 직원들은 업무 목표점이 뚜렷해진다. 목표에 따라 직원들의 마음가짐이 달라진다. 다소 긴장감도 생긴다. 내 목표에 대한 책임감도 생긴다. 무의식중에도 스스로 더 전략적으로 일하게 된다. 목표가 있고 없고는 결국 업무수행에 지대한 영향을 미친다.

목표 설정은 매장 성과에 영향을 줄 수밖에 없다. 개인 목표 설정 초기, 직원들의 거부감을 극복하라. 그들의 스트레스를 이해하고 자연스럽게 받아들여라. 평균적으로 3주만 지나면 익숙해지고, 업무에 임하는 태도가 달라진다.

개인의 목표 달성을 직원의 승급이나 추후 급여 인상과도 연결해야 한다. 경영인으로서는 여러모로 직원 개인의 목표관리가 꼭 필요하다. 매장 성과의 주체는 개인이다. 개인 성과를 합하면 곧 매장 매출이 된다.

'개인 목표=개인 성과'다. 자신이 하는 일의 결과 기준이 없다면 매장목표 달성은 막연한 일이 된다. 매일 개인의 목표를 관리하라.

잘나가는 매장의 탄생

매일 아침 업무 미팅으로 목표와 실행을 점검하라

매일 업무 시작 전, 매장 구성원 모두가 각자의 목표와 업무 주요사항을 공유하고 협의해야 한다. 주 단위 경영전략을 하루하루 실행하게 하는 힘은 바로 이 업무 미팅이다. 우리 매장의 아침 풍경은 어떠한가?

업무 미팅은 '아침 조회' '아침 미팅'이라는 이름으로 이미 많은 매장이 해오고 있다. 주로 삼삼오오 모여 아침에 티타임을 갖는다. 하지만 소소한 개인사만 나누는 것은 업무 미팅이라고 보기 어렵다. 업무 미팅은 반드시 업무적인 사안을 명확히 확인하고, 계획하는 자리가 돼야 한다.

업무 미팅은 실시간 목표 달성 현황을 같이 확인하고, 앞으로 실행해야 할 일들을 각자 분담하고 준비하는 자리다. 매장 매출 및 성장과 직결되는 지표, 연계 활동을 관리하는 시간이다. 그리고 실제 판매 상황에 대비해 다같이 상품 트레이닝을 하는 시간이다.

어떤 매장경영인은 직원들에게 부담을 주는 것이 오히려 업무에 방해가 되기 때문에 이런 업무 미팅을 아주 구시대적인 발상이라고 한다. 하지만 중요한 숫자 지표가 빠진 업무 미팅은 단순 소통이나 사기진작, 고충 토로의 자리로 변질될 수 있다.

일반적인 티타임과 업무 미팅은 구분하는 것이 좋다. 목표 달성 정도, 함께 또는 각자 실행하기로 한 업무는 업무 미팅에서 꼭 서로 확인해야 한다. 실행됐는지, 그 결과는 어땠는지, 그 결과가 나온 원인은 무엇인지 다 같이 다음 실행에 반영할 내용을 논의해야 한다.

Sub-Note. 일일 업무 미팅에서 꼭 해야 할 일

- 월 단위/주 단위 목표 진도 현황 공유

  : 우리는 목적지를 기준으로 어디까지 왔는가?

- 일일 매장 목표 공유

  : 오늘 우리는 어디까지 가야 하는가?

- 개인 목표 및 실행 활동 설정

  : 각자 오늘 실행 완료해야 할 지점과 일은 무엇인가?

- 고객관리 활동계획, 고객과의 약속 공유

  : 오늘 어떤 고객을 어떻게 만나야 하는가? 나는 무엇을 해야 하는가?

- 주요 프로모션/고객 혜택 공유

  : 오늘 영업 시 알고 적용해야 할 내용은 무엇인가?

- 현재 트렌드 및 상품에 대한 학습

  : 오늘 어떤 상품을 어떤 방법으로 팔 것인가?

업무 미팅 때 해야 할 일은 4가지다. 크게 보면 목표관리, 고객활동관리, 영업전략 공유, 전략상품 판매 트레이닝이다.

목표관리는 일 단위, 개인 단위까지 한다. 반드시 수치 관리를 하면서 거기 연결된 활동관리를 해야 한다.

고객활동관리는 오늘 어떤 고객에게 어떻게 접촉점을 만들지 정하면 된다. 특정한 고객그룹을 선정해 연락하라. 어떤 콘텐츠를 어떤 방법으로 누가 전달해야 할지 정하면 된다.

고객이 수선을 맡기거나 주문한 상품도 챙겨야 한다. 고객과의 약속을 모두가 공유하고 빠트리지 않는 것이 필요하다.

본사 또는 매장에서 진행 중인 주요 프로모션 내용도 다시 한번 정확하게 인지해야 영업에 적극적으로 활용할 수 있다.

그날의 전략상품을 함께 정하라. 매장 구성원 모두가 그 상품을 잘 팔 수 있도록 다 같이 학습하는 시간도 필요하다. 어떤 고객에게 권하면 좋을지, 어떤 포인트로 설명하면 좋을지 아이디어를 나눠라.

판매에 성공한 경험, 실패한 경험을 나누고 코디할 수 있는 상품까지 함께 구성해보면 좋다. 그런 다음 반드시 Role-Play역할극를 해봐야 한다. 이것이 전략상품 판매 트레이닝이다. 직원 모두의 판매력을 다져준다.

업무미팅 초기에는 완벽하게 하려는 욕심을 버리자. 우리 매장에서 할 수 있는 항목부터 하나씩 하면 된다. 익숙해지면 전체를 진행하는 시간은 10~20분 정도로 맞출 수 있다. 우리 매장에 최적화된 업무 미팅을 꾸준히 실행하면 매장 성과도 달라진다.

C브랜드와 D브랜드 매장들은 일일 업무 미팅을 제대로 실행한 이후, 평균 20~30%p 매출 신장을 보였다. 타사 브랜드가 -20~30%p 정도씩 평균 역신장하는 시장 상황에도 불구하고. 어려운 시장 상황에서도 매장이 성공하는 주요 동력動力은 일일 업무 미팅이다.

매일 업무 미팅이라는 형식이 있으므로 자칫 흐릿해지기 쉬운 목표지점을 정확히 보며 갈 수 있다. 구체적인 각 업무와 실행 활동들이 체계적으로 관리된다. 우리 매장에 맞는 적절한 전략이 있고, 이것을 체계적으로 꾸준히 실행하는데 어떻게 성과가 나오지 않을 수 있겠는가? 물론 성과가 난 매장들은 이러한 실행을 본인 매장에 맞는 방법으로, 제대로, 꾸준히 했다는 전제가 있다.

Plus-Tip. 일일 업무 미팅을 효과적으로 활용하는
잘나가는 매장들의 노하우

매일 진행하는 내용

- 매일 그날의 매출계획과 전일 실적을 공유하고, 원인을 분석한다.
- 신규고객 가입과 기존고객 관리에 대한 활동계획을 구체적으로 짜고 분담한다.
- 전날 계획한 내용을 각 담당자가 제대로 실행했는지 같이 체크한다.
- 본사 주요 공지사항과 매장 내 협의 사항을 공유해 그날 영업에 활용한다.
- 고객과 약속한 부분도 전 직원이 알 수 있도록 공유해, 고객의 만족도를 높인다.

일일 경영 미팅을 하는 수많은 매장경영인은 다음과 같은 부분이 좋아졌다고 얘기한다.

경영인 A

"먼저 직원들의 목표의식이 높아졌어요! 기존에도 막연하게 열심히 해야지 했던 부분은 있었지만, 목표가 정확한 숫자로 정해지면서 달성하고자 하는 생각이 구체화 됐습니다. 목표 달성을 하려는 의지가 높아지자 직원들이 각자 고민하기 시작했는데, 어떻게 목표 달성을 할 수 있을지 방법이 필요해졌기 때문입니다."

경영인 B

"직원들이 직접 실행 업무를 주도하기도 했어요. 어떤 직원이 먼저 VIP 고객에게 안부 손편지를 쓰자고 했습니다. 생일고객 관리 시 문자보다는 시간이 더 들더라도 전화통화가 좋겠다는 의견도 자발적으로 나왔습니다. 스스로 결정한 이 실행 활동들에 애착을 두고 직원들이 주도적으로 활동하는 것은 물론입니다."

경영인 C

"고객과 약속한 부분을 챙기지 못해 실수가 잦았던 직원 A가 있었습니다. 그런데 매일 아침 그날의 업무를 정확히 공유하자 실수가 눈에 띄게 줄어드는 거예요! 당연히 고객 클레임도 줄었고 본인 업무만족도도 올라갔습니다."

경영인 D

"매장 내 직원 간 소통이 원활해졌습니다. 본사에서 전달되는 공지사항도 놓치지 않게 됐고요. 경영인과 직원 간 잔소리처럼 오가던 업무 피드백에서 감정이 배제 되고 간명해진 것은 말할 필요가 있을까요."

Plus-Tip. 유나이티드 애로우스의 직원공유회 원칙
(유나이티드 애로우스 인사교육담당자 직접 인터뷰 발췌)

유나이티드 애로우스는 아침 영업 전 5분 동안 업무 미팅을 한다. 상품 판매 RP Role-play, 역할극도 꼭 한다. 영업 후 밤에는 15분 정도 상품 판매와 고객 정보 공유를 한다.

- 손님이 간 다음에는 직원들끼리 손님 응대 시 있었던 내용을 반드시 공유한다.
- 고객에게 이렇게 하니 좋아하시고, 그냥 가시고. 각자 그날 있었던 내용을 반드시 공유하는 것이 프로세스다.
- 이렇게 매일 직원들 사이에 고객 응대 내용을 공유하도록 하면 누군가 휴무더라도 매장에서 있었던 일, 내가 응대하지 않았던 방문 고객에 대해 다 알 수 있다.
- 공유회는 영업 후, 15분 정도 매일 꼭 한다.
- 아침 미팅은 5분 정도만 하는데, 어떻게 접객할지 RP 형식으로 진행한다.
- 공유회를 하는 목적은 고객이 무슨 제품을 사 갔는지, 고객과 무슨 대화를 했는지 다 같이 알아야 고객에게 다시 한번 감사하는 마음을 가질 수 있고, 누구라도 다음번 방문 시 더 좋은 서비스를 해줄 수 있기 때문이다.

잘나가는 매장의 탄생

일일 경영일지

날짜 :   년   월   일(요일)

날씨 : 맑음 / 흐림 / 비 / 눈 / 갬 (℃)

이번 달 목표	지난주까지 달성액	달성률	월 과부족 금액	

주간 목표	어제까지 달성액	달성률	주 과부족 금액	

개인 목표	직원 1	직원 2	직원 3	합계
어제(결과)				
오늘(목표)				

활동 구분	어제 목표	어제 실적	오늘 목표	실행자

현재 진행 중인 프로모션   특이사항

공지사항

고객과의 약속

오늘의 전략 상품

03

매장 노하우를 만드는 리뷰 시스템

주 단위 실행 결과를 분석하고, 다음 계획에 반영하라

우리는 계획을 잘 세운다. 하지만 실행 결과를 분석하는 것에는 서툴다. 계획대로 일이 잘 진행될 때나 그렇지 않을 때나 마찬가지다. 계획을 세우고 실행했다면 실행 결과를 꼼꼼히 분석하는 일이 필요하다. 그래야 다음 계획에 반영해 효율성을 높일 수 있다.

숫자를 리뷰하라

경영계획을 세울 때 숫자 목표가 있었을 것이다. 실제 결과가 어떻게 나왔는지 숫자로 확인하는 것이 우선이다. 목표 고객 수, 목표 금액, 고객 반응률, 판매 성공률 등이 숫자다. 가장 객관적으로 결과를 볼 수 있는 것이 숫자이므로 리뷰 시 가장 먼저 분석해야 한다.

계획-결과 차이(Gap)의 원인을 분석하라

결과만 보고 잘했다/못했다, 달성했다/못했다가 끝이 아니다. '왜'가 중요하다. 왜 목표와 결과의 차이가 생겼는지 다 같이 원인을 파악하라. 그것이 다음 실행의 노하우가 된다.

어떻게 실행했기에 달성됐는지, 안 됐는지 분석하면 된다. 실행하면서 얻은 인사이트Insight가 있다면 서로 의견을 나눠라. 앞으로의 활동은 어떻게 수정, 보완하면 좋을지 같이 협의하면 된다.

숫자를 확인하는 것이 우리의 '위치 확인'이라면 그 결과 원인을 분석하는 것은 '그 지점에 다다른 경로 또는 방법의 적합성 확인'이다. 지점 확인 후, 방법 확인이 돼야 한다. 그래야 어떤 실행방법이 우리 매장 결과에 의미가 있었는지 알 수 있다.

계획한 업무리스트가 제대로 실행됐는지 확인하라

결과와 원인분석은 '하기로 한 일들이 제대로 실행됐다'라는 전제가 있어야 한다. 실제 매장에서는 업무계획은 세워놓고, 실행되지 않는 경우가 많다. 제대로 실행되지 않았다면 원인분석이 무의미해진다. 제대로 실행됐는지 리뷰하라. 실행하는 데 어려움은 없었는지, 어떤 부분이 실행을 더 잘되게 했는지도 분석이 필요하다. 실행에 문제가 없었고, 좋은 결과를 냈다면 그 방법은 곧 우리 매장의 실행 노하우가 된다.

Sub-Note. 주 단위 목표/전략 리뷰 양식

주간 리뷰일지

기간 : 년 월 일 ~ 일

날짜	주차	1주							달성률
	일자	1	2	3	4	5	6	7	
	요일	월	화	수	목	금	토	일	주간합계
매출금액									

세부매출	판매아이템	판매 목표	판매 실적	달성률	비고

고객지표 (원, 명)	구분	월	화	수	목	금	토	일
	입점고객 수							
	구매고객 수							
	1회 단가							
	신규고객 수							

주 이슈사항	

실적 리뷰	

주간활동 리뷰	판촉	
	고객관리	

의견 나눔 및 반영사항	

잘나가는 매장의 핵심, 꾸준한 실행

잘나가는 매장이 되는 길은 험난하다. 그 길에서 매장경영시스템은 최고의 무기다. 다른 매장들과의 가격경쟁을 최대한 피하면서 자기 전략을 펼칠 수 있게 해야 한다. 우리 매장만의 색깔을 발현하고 고객을 빨아들일 수 있게 해야 한다.

매장경영시스템은 영업 기초 체력을 만든다. 잘나가는 매장이 되려면 영업 기초 체력이 튼튼해야 한다. 4가지 힘이 매장의 영업 기초 체력이다. 고객을 매장에 끌어들이는 힘, 고객에게 사게 하는 힘, 한 번에 많이 사게 하는 힘, 자주 와서 자주 사게 하는 힘이다. 일단 만들어지기만 하면 그 후부터 강력하게 작동된다.

영업 기초 체력이 있으면 고객의 즐거움을 만드는 데 가속도가 붙는다. 고객은 늘 더 가치 있는 것을 찾는다. 안심을 주는 매장, 친근한 매장을 찾는다. 고객이 우리 매장을 찾아 유쾌하고 즐겁기를 원한다면 매장의 기본 시스템을 갖추고 '잘나가는 매장 따라 하기'부터 하면 된다.

가고 싶은 곳이 있다면 목적지를 명확히 하라. 구체적으로 가는 길을 지도에 그려야 한다. 그리고 발걸음을 떼야 한다. 때로는 천천히 걷고 때로는 빠르게 달려야 목적지에 도달한다. 내 손 안에 보물 지도가 있어도 내가 발걸음을 떼지 않으면 아무 소용이 없다.

목적지까지 가는 데는 시간이 걸린다. 그 과정에서 누구나 수동적인 패러다임에 빠지고 포기하게 된다. 매주 전략을 수정, 보완하면서 매일 정확하게 실행해야 한다. 다시 수정, 보완하고 또 실행해야 한다. 매장경영시스템은 실행을 지속하게 하는 방법론이다. 매장경영시스템으로 꾸준히 실행하라.

참고문헌

김유진, 《브랜드 브랜더 브랜딩》, 패션인사이트, 2009.

박연선, 《색채용어사전》, 도서출판 예림, 2007.

마이클 거버, 《사업의 철학》, 라이팅하우스, 2015.

야베 데루오, 《신칸센 버라이어티쇼》, 한언, 2014.

피터 드러커, 프랜시스 헤셀바인, 조안 스나이더 컬, 《피터 드러커의 최고의 질문》, 다산북스, 2017.

데이비드 색스, 《아날로그의 반격》, 어크로스, 2017.

박윤정, '2018년 패션시장, 삼성패션연구소 어떻게 보고 있나?', 패션저널&텍스타일라이프, 2017.12.26.

배인선, '세계 명품들 中 온라인 시장 러브 콜', 아주경제신문, 2017.07.27.

정정숙, "인공지능 서비스 '롯데닷컴' 매출 쑥~", 한국섬유신문, 2017.06.16.

최정현, '온라인 시장에서 모바일 비중 처음으로 60% 넘어', 국제신문, 2017.06.02.

본 책의 내용에 대해 의견이나 질문이 있으면
전화 (02)333-3577, 이메일 dodreamedia@naver.com을 이용해주십시오.
의견을 적극 수렴하겠습니다.

고객을 끌어모으는 10가지 방법
잘나가는 매장의 탄생

제1판 1쇄 발행 | 2018년 9월 14일
제1판 2쇄 발행 | 2019년 8월 30일

지은이 | 이금주
펴낸이 | 한경준
펴낸곳 | 한국경제신문*i*
기획제작 | (주)두드림미디어

주소 | 서울특별시 중구 청파로 463
기획출판팀 | 02-333-3577
영업마케팅팀 | 02-3604-595, 583 FAX | 02-3604-599
E-mail | dodreamedia@naver.com
등록 | 제 2-315(1967. 5. 15)

ISBN 978-89-475-4401-6 03320